Todos los nombres propios de programas, sistemas operativos, equipos, hardware, programas de afiliación, páginas web, etc. que aparecen en este libro son marcas registradas de sus respectivas compañías, organizaciones y propietarios y tan solo se muestran a modo informativo.

ISBN 978-1-4710-7692-3

Agradecimientos

Embarcarse en un trabajo didáctico en estos tiempos de crisis puede ser relativamente complicado, ya que no esperas recibir grandes beneficios, ni convertirlo en un número uno en ventas. Es por ello que cuando escribes un manual, no siempre acometes con el mismo acierto la página en blanco.

Es muy fácil dar carpetazo y dedicar esas horas a producir algo que puedas llegar a considerar más productivo, o más necesario. He pospuesto este documento en decenas de ocasiones, y como si de levantarme de la cama cinco minutos más tarde se tratara, he ido postergando el momento de iniciar esta guía. Pero en el momento que lo he iniciado, gracias a la gente que me rodea ha sido una tarea menos ardua de lo que esperaba.

Es por ello que quiero dar las gracias a aquellos que de una forma u otra me ha ayudado tanto moralmente como en el aspecto logístico en este manual que espero, querido lector, te sirva de gran ayuda.

En primer lugar gracias a mis padres por estar ahí siempre que lo necesito. Muchas gracias a mi hermana Mercedes Gayet y a Emilio Alamo por su paciencia, y por responder siempre que les he robado un poco de tiempo.

También agradezco la gran experiencia que he tenido en este campo a Ricardo Gaya, Juan Ramón Guillamón y Joaquín Pérez. Sin ellos no habría aprendido la mitad de lo que sé.

Estoy en deuda con mi primo, Jose María Gayet, quien me ha aconsejado siempre que lo he necesitado y me ha mostrado la puerta al apasionante mundo de los negocios online.

Índice de contenidos

Prólogo

En los tiempos que corren cada vez más gente utiliza internet para realizar todo tipo de acciones, desde leer la prensa hasta programar sus vacaciones, y eso hace que cada vez haya un mayor número de clientes potenciales para todo tipo de negocio en la red.

A esto podemos sumar la posibilidad de acceder a este tipo de negocios. Gracias a internet cualquiera con un cierto conocimiento del medio puede emprender su propia aventura personal en el mundo de los negocios. Este gran mercado que supone la red tiene capacidad para albergar a todo tipo de emprendedores y empresas.

Por medio de internet, con tan solo un ordenador y una conexión a la red podemos trabajar desde nuestra casa. Podemos potenciar nuestro negocio físico, o crear uno nuevo en la red. Podemos gestionar nuestro trabajo desde casi cualquier parte. Podemos encontrar una afición que nos proporcione un beneficio extra a nuestro salario. En definitiva, podemos mejorar nuestro nivel de vida gracias a internet.

Muchos empresarios han echado el cierre a sus negocios en estos años por falta de esa iniciativa que los lleve a buscar nuevos mercados. Después de ver como bajan sus ventas, no han sabido o no han querido valorar la posibilidad de ampliar mercados a través de la red. Muchos usuarios de internet pasan sus horas muertas delante del ordenador sin saber qué hacer, buscando un entretenimiento. La mayoría de esta gente, con determinación y las ideas claras podría estar ganando dinero a través de la red.

Todo el mundo ha tenido una idea en mente, un proyecto que le gustaría llevar a cabo. Frases como *"si pudiera"* o *"si tuviera tiempo"* son las que frenan esos proyectos, esas ideas que pueden hacer nuestra vida un poco más cómoda.

Tan sólo necesitamos el empujón adecuado y podremos entrar de lleno a este mundo de posibilidades, donde la originalidad y el trabajo tienen su recompensa.

Introducción

A quién va dirigido este libro

Este manual se ha creado para diferentes tipos de usuarios. En especial para aquellos que realmente estén metidos en el mundo de internet y después de probar varias experiencias en diferentes tipos de negocios online no sepan por dónde empezar o qué camino seguir.

También va dirigido a todos aquellos que en la actualidad no tengan una salida laboral desde la que obtener beneficios y quieran sacar partido a su tiempo y también para aquellos que, dueños de sus propios negocios ya alojados en locales comerciales como tiendas, agencias o empresas de servicios varios necesiten ampliar su mercado.

¿Qué nos aporta este libro?

A lo largo de todo el manual se va a ir explicando diferentes métodos con los que cualquier usuario pueda ganar dinero de forma efectiva en relación a sus habilidades y cómo hacer sobre todo que estos beneficios se puedan convertir en fuentes de ingresos regulares.

También se explica paso a paso cómo plasmar nuestro negocio en internet sea cual sea, cómo crear nuestra propia tienda virtual, los mejores procedimientos para presentar nuestros servicios al público y las formas más usadas y efectivas de promocionar esos servicios y productos.

Internet es un escaparate público, en el que cualquiera con una página web puede dar salida a su negocio. La red no tiene puertas y podemos competir con las grandes empresas y ofrecer los mismos servicios, noticias y productos en igualdad de condiciones. En nuestra mano está tener un lugar tanto humilde como privilegiado en el mundo de los negocios online o llegar demasiado tarde y perdernos la excelente oportunidad que todavía nos brinda internet de sacar partido.

Todo lo que se explica en este libro proviene de experiencias personales tanto mías como de gente muy cercana a mí, y puedo aseguraros que no hay ninguna fórmula mágica que os hará ganar dinero por internet sin esfuerzo ni dedicación. Eso sí, cada esfuerzo que realicéis, convenientemente orientado tendrá su recompensa.

El valor de un euro

Un Euro, realmente no es gran cosa, si lo miramos por separado, es simplemente una moneda más dentro de nuestro bolsillo. Conseguir un Euro en internet donde tanto dinero se mueve a diario debería ser fácil. Pero... ¿Con cuánto esfuerzo? ¿De qué formas? ¿Cuántas veces?

Para alcanzar 100 Euros al mes tan sólo hay que ganar 3.33 Euros al día, o 33 Euros cada 10 días. Lo realmente interesante de crear una herramienta que nos dé dinero por internet, es que ese Euro de un día, nos lo produzca de manera regular, es decir, que realizando una vez el trabajo tengamos ese Euro cada cierto tiempo.

Cuando creamos una herramienta que nos crea un Euro cada cierto tiempo, por ejemplo, una vez al día, de forma duradera; estamos creando algo con un potencial terrible. Ya sé que no es un dato nuevo, pero una herramienta que nos proporcione un Euro al día, nos dará 365 euros al año, o si lo miramos con una perspectiva mayor, nos dará 3.650 euros al cabo de diez años, así que, ¿Cuánto tiempo puedo tardar en crear una herramienta que me dé ese Euro al día? pueden ser 5 euros cada 5 días (Una venta que nos genere 5 Euros, si se produce cada 5 días sigue siendo una herramienta que genera todos los meses 33 Euros de media).

Dependiendo del trabajo de investigación y promoción que realicemos, la eficacia en nuestra herramienta y la calidad con que la gestionemos, podemos tener una herramienta que nos proporcione un Euro al día trabajando entre dos días y una semana, siempre dependiendo de la calidad y las horas de dedicación al crear nuestro trabajo.

Esto significa que cuando ya tenemos nuestra primera herramienta que nos proporcione un Euro al día de media, podemos empezar a crear otra herramienta que nos proporcione ese mismo beneficio, como podrían ser nuevos artículos en una web informativa, nuevas ofertas en una tienda online o cualquier acción que aumente el valor tanto en volumen de visitas a nuestro portal como la efectividad en ventas del mismo.

Se puede trabajar así sucesivamente hasta tener herramientas que nos proporcionen más de tres Euros al día, que serían las que nos aportarían esos 100 euros al mes.

Cuando ya tenemos en marcha nuestro beneficio de 100 Euros al mes, nada nos impide seguir creando herramientas que nos sigan aumentando esa cantidad de beneficios adicional cada día. En dos o tres meses de trabajo, podemos llegar a crear más de 10 herramientas o focos de negocio que nos den 1 Euro al día o una herramienta que nos proporcione 20 Euros a diario, lo que significa que cada año podemos ganar con ese trabajo de dos meses la apetecible cantidad de más de 3650 Euros, así que voy a dejar de liaros y veamos cómo hacer esto.

Conociendo nuestros límites

Qué sabemos hacer

Internet es un campo muy basto de mercado en el que podemos obtener beneficios de cientos de formas de la misma manera que podemos equivocarnos en otras tantas maneras, así que sería ideal para empezar conocer cuáles son nuestros límites, ver qué podemos o sabemos hacer y empezar a marcarnos los mercados que podemos abarcar con esos conocimientos y limitaciones.

En primer lugar es aconsejable saber cuánto tiempo queremos o podemos dedicar a nuestro negocio por internet, ya que no es lo mismo dedicar cuatro horas a la semana que ocho horas al día.

Una vez sabemos el tiempo que queremos o podemos dedicar, vamos a hacernos una lista de todo lo que sabemos hacer que sea beneficioso a la hora de ganar dinero por internet. Una lista de aquello que podemos hacer y que es necesario a la hora de emprender tareas que nos den beneficios puede ser la siguiente:

1. Abrir correos.
2. Comprar por internet.
3. Manejar administradores simples (tablones de anuncios, herramientas de venta de EBay etc....).
4. Manejar administradores avanzados (Wordpress, Joomla, Drupal, Oscommerce etc...).
5. Diseñar páginas web.
6. Diseño gráfico.
7. Programación de páginas web (Java Script, Flash, PHP, SQL).
8. Posicionamiento web en buscadores.
9. Optimización de redes sociales.

Conociendo nuestras limitaciones podemos empezar a hacernos una idea de hasta dónde podemos llegar en los negocios por internet.

Otro dato que debemos valorar es aquellos medios de los que disponemos para generar beneficios por internet, ya que no es lo mismo alguien que no tiene nada que pueda vender o aportar desde el punto de vista creativo (trabajos de imagen, diseño, asesoramiento y cientos más), que el propietario de una tienda de antigüedades, o un artesano de la madera, o el dueño de una empresa de perfumería, un fotógrafo profesional o un diseñador de moda. De todas formas en este manual vamos a ver todas las opciones y modelos de negocio.

Eliminando los pufos

Cómo identificar una posible estafa

Internet además de ofrecer cientos de oportunidades de negocio, es también un vivero de estafadores y empresas que aprovechan en trabajo de cientos de incautos para sacar beneficio, por lo que hay que ir ojo avizor con todo aquello que nos suene a demasiado fácil, a demasiado grande o que en general no nos cause una buena impresión.

Para identificar una posible estafa hay mensajes que deberían encender nuestras alarmas internas con letras luminosas, todos los mensajes tipo:

- Fulanito de tal ha ganado 1000$ ¡¡Y en solo 3 semanas!!
- Gane dinero fácil desde su casa.
- Nuestro SISTEMA único para ganar dinero.
- El gran SECRETO para ganar dinero seguro.
- Si aparece una mujer bonita sonriendo con un fajo de billetes en la mano o un pardillo tirando dinero al aire entre exclamaciones de alegría, ¡¡ALARMA!!

Una regla básica de los portales serios que generan beneficios por internet es que no necesitan venderte la moto para que confíes en ellos, NUNCA hablan de sistemas secretos y efectivos, NUNCA te dejan con ganas de conocer el secreto mágico que otros no conocen y NUNCA te dicen lo que tienes que hacer para ganar dinero.

Las empresas serias ponen en tus manos herramientas con las que puedas ganar dinero, pero nunca te dicen como tienes que usarlas. Este tipo de empresas serias que ofrecen herramientas para ganar dinero por internet tienen explicada de forma clara y detallada los siguientes puntos:

- Cómo usar sus herramientas.
- Los procesos de pago, (Si sus cantidades mínimas para autorizar un pago son muy elevadas también puede dar lugar a sospecha), métodos de envío del dinero y políticas de pago.
- Términos y condiciones bien definidos en los que aportan todos los datos relativos a su empresa, actividades, licencias y copyright.
- Seguimiento de las leyes de protección de datos, tanto de sus anunciantes si los tienen como de sus afiliados.

El 99% de los portales de internet orientados a ganar dinero que cumplen estos puntos suelen ser páginas serias en el cumplimento de sus obligaciones con sus clientes y con sus afiliados.

Otro detalle que sobresale por encima del resto son los campos en los que suele haber desengaños, empresas poco serias o simplemente estafadores sin escrúpulos son los siguientes:

- Cualquier negocio piramidal es susceptible de ser una estafa.
- El 99% de los negocios de encuestas online que presentan valoración antes de realizar la encuesta para adaptar el perfil del usuario a la encuesta (Mientras consultan el perfil realmente están realizando la encuesta y posteriormente declaran no apto para la encuesta al encuestado).
- Negocios de apuestas o inversiones en los que un agente apueste o invierta por ti.
- Cualquier negocio en el que tengas que comprar artículos o servicios.

En definitiva, en **cualquier portal que ofrezca una oportunidad de negocio para el que haya que pagar antes**, bien sea por adquirir formación, bien sea por obtener acceso a cualquier otro producto o servicio, suele ser una estafa en el 99% de los casos y en otro 1% un negocio prácticamente improductivo.

Si aparece alguna oportunidad que no presente estos posibles problemas, aún hay que mirar algunos detalles más que pueden hacer saltar las alarmas.

- **Cobros muy lejanos**: En internet existen herramientas con las que se pueden pagar cantidades muy pequeñas, una cantidad de 50€ es muy aceptable como cantidad pequeña, y un web máster o un cliente que esté empezando puede tardar en reunir esa cantidad. Algunas empresas llegan a poner cantidades de cobro de 200€ o incluso algunas de hasta 500€. Muchos diseñadores web desisten si no generan beneficios en un corto periodo de tiempo, por lo que la pequeña cantidad de beneficios que generan nunca llegan a cobrarla, y eso beneficia a la empresa que realiza los pagos, ya que nunca llega a pagar.

- **Empresas muy nuevas o que prometen mantener a los clientes captados por el afiliado de por vida:** Mucho ojo a empresas que están en liza desde hace poco tiempo o que prometen mantener los clientes que presentes de por vida. Muchas de ellas suelen ser empresas que acumulan clientes para terceros y cuando tienen una gran bolsa de clientes desaparecen o cambian de nombre y vuelven a empezar. Estas empresas aprovechan sobre todo a afiliados muy productivos atrayéndoles con jugosas comisiones, son empresas muy lucrativas al principio y que bien trabajadas suelen hacer que los beneficios crezcan exponencialmente, lo que motiva mucho a los afiliados a captar más clientes cada vez, pero que tarde o temprano desaparecen y dejan a sus afiliados sin clientes.

- **Empresas con managers de afiliados muy comunicativos:** Mucho ojo con los managers, sobre todo si tenéis éxito en sus campañas. Si un manager se comunica a diario contigo para felicitarte por lo bien que lo haces acabará preguntando cómo consigues tus objetivos, si le das información la usará para su propio beneficio. En las empresas serias los managers no suelen tener contacto directo con los afiliados a ese nivel, solo contactan para solucionar problemas.

Podemos también **detectar los portales que no son fiables por medio de experiencias de otros usuarios** que ya los hayan usado. Hay que tener en cuenta que la mayoría de los sitios que visitemos ya habrán sido visitados con anterioridad por otras personas. Si conocemos a alguien en quien realmente confiemos que nos pueda dar una referencia concreta de determinado portal, siempre podremos decidir si trabajar o no con esa empresa con mejor criterio que si no conocemos a nadie que haya tenido experiencia en esa empresa.

Cómo encontrar referencias sobre negocios fiables

Una excelente fuente de referencias sobre portales para ganar dinero por internet son las páginas web comparativas. Estas suelen ser portales que hablan de cómo ganar dinero a través de diferentes medios que ellos mismos han probado con anterioridad. En ellos existen las llamadas listas negras, en las que introducen los portales en los que han tenido una mala experiencia o directamente les han engañado.

También existen los foros sobre páginas en las que ganar dinero, en ellos también se puede encontrar información fiable, pero podemos encontrarnos con correo no deseado de los mismos managers de programas de afiliación que quieran vendernos su sitio, así que es poco aconsejable seguir estos foros ciegamente.

Siguiendo todas estas referencias evitaremos la gran mayoría de portales que nos puedan engañar o hacer trabajar innecesariamente.

Por último en temas destacados sobre posibles pufos por internet están aquellos relacionados con la compra de cualquier producto que vendas, sobre todo dominios, y en el cual realicen una oferta demasiado alta con respecto al precio estimado del producto, es posible que te pidan una evaluación del producto, y ahí es donde está la estafa, ya que la evaluación de dicho producto cuesta dinero y la solicitan por medio de empresas que los mismos supuestos compradores controlan, finalmente no compran nada.

Ante cualquier duda es aconsejable no desperdiciar ni tiempo ni dinero en proyectos que despierten nuestro recelo.

Buscando nuestra identidad

Relacionando conocimientos y alcance

Ha llegado el momento de empezar. Ya conocemos un poco por encima aquello que debemos evitar al buscar espacios en los que crear nuestro negocio en internet, así que ahora veamos a qué nos vamos a poder dedicar.

Si no tenemos idea de diseño web, manejar administradores avanzados etc.... ni podemos pagar o asociarnos a alguien que nos realice dichos trabajos sólo podremos considerar que tenemos **unos conocimientos y unos recursos limitados, aún así para empezar a hacer negocios por internet es necesario dominar como mínimo los siguientes conceptos:**

1. Abrir correos.
2. Comprar por internet.
3. Manejar administradores simples (tablones de anuncios, herramientas de venta de EBay etc.).

Estas tres habilidades requieren de un conocimiento informático básico, con lo que en caso de que sólo lleguemos a alcanzar estos conocimientos nuestras posibilidades van a estar bastante limitadas, pero no por ello vamos nos vamos a quedar sin poder ganar dinero en la red.

Existen varias cosas que podemos hacer si sabemos manejar administradores de correo sencillos, como realizar compras por internet, poner anuncios etc.

Una de las más fiables y sobre las que se tiene mayor control es la compraventa de productos, y aunque este campo está empezando a estar muy explotado, es uno de los que mejores beneficios proporciona teniendo en cuenta las limitaciones mencionadas.

Si además de los conocimientos anteriormente mencionados también sabemos:

1. Manejar administradores de contenido avanzados (Wordpress, Joomla, Drupal, Oscommerce etc.).

Podremos considerar que tenemos conocimientos de diseño web por lo que podremos desenvolvernos en el mundo de los negocios por internet con mayor soltura. Y por ello nuestras posibilidades se van a multiplicar, ya que con este tipo de administradores

podemos crear páginas web muy potentes que nos ayudarán a cumplir nuestros objetivos con facilidad y efectividad.

El problema de los administradores de contenido como Joomla, Drupal o Wordpress es que, a pesar de ser flexibles y potentes todavía no se pueden personalizar al 100% sin tener conocimientos de diseño web y programación en los lenguajes HTML, Java Script y PHP, por lo que a pesar de tener las herramientas necesarias para determinados tipos de negocios, todavía tendremos algunas limitaciones en cuanto a edición orientada a posicionamiento y optimización de recursos entre otras. Aún así ya podemos dedicarnos no solo a promocionar diferentes productos, sino a poder gestionar también plataformas de pago por clic, herramientas de afiliación, tiendas online, portales de referencia y todo tipo de herramientas que se puedan insertar en los diferentes temas de Drupal, Joomla o Wordpress entre otros.

Pero **para llegar a poder cubrir todas las facetas con garantías en cualquier campo de promoción de internet** deberemos dominar además de todo lo anteriormente mencionado los siguientes campos:

1. Diseño de páginas web.
2. Diseño gráfico.
3. Diseño Flash (No suele ser tan importante).
4. Programación de páginas web (Java Script, Flash, PHP, SQL, Android).
5. Posicionamiento web en buscadores.
6. Optimización de redes sociales.

Dominando todos estos campos **consideraremos que poseemos conocimientos de diseño web programación y SEO,** pues podemos cubrir cualquier necesidad de negocio en internet a la que nos queramos dedicar, ya que no solo podremos editarnos en base a nuestras necesidades cualquier tema Wordpress, Joomla, Drupal, Oscommerce o cualquier otro editor de plantillas de contenidos, sino que también podremos crear nuestros propios portales, potentes, bien estudiados y sobre todo, adaptados a todas nuestras necesidades concretas.

El 99% de usuarios de internet que utilizan la red para ganar dinero lo hacen por medio de su propia página web.

Cuando controlamos el 100% del código interno de una página web, podemos eliminar todo lo que no consideremos importante convirtiendo cada página en una herramienta más eficiente, además, cuando creamos nosotros nuestra propia página web tenemos una mayor flexibilidad en el diseño, y nos es mucho más sencillo reeditar cualquier parte de la misma, ya que sabemos dónde está cada elemento dentro de su estructura.

La compra y la asociación la alternativa a la falta de conocimientos

Es posible que tengamos una muy buena idea, pero no podamos llegar a poder plasmarla en forma de un proyecto web, bien por falta de conocimientos, bien por falta de tiempo. Así que podemos buscar alternativas para tener nuestro negocio por internet sin tener que crearlo nosotros mismos.

Para tener nuestro negocio por internet podemos también contratar a una empresa especializada en diseño web o delegar esta tarea en otro socio o compañero, sea como sea, es aconsejable que tanto el proyecto, como los métodos para hacerlo efectivo, como los resultados, queden dentro del entorno de la empresa, ya que hay en día cualquiera puede tener una página web e imitarnos, plagiar nuestra idea o incluso mejorarla conociendo nuestros puntos fuertes, restando así efectividad a nuestros propios proyectos.

Conocimientos limitados

Negocios de compraventa (inversión 0)

Un negocio de compraventa en el que no necesitamos invertir nada de dinero no existe prácticamente, ya que siempre hay que comprar antes de vender, pero conseguir una combinación que proporcione ingresos sin apenas invertir, aunque es algo difícil de encontrar, existe y nos puede dar frutos en un margen de tiempo bastante satisfactorio.

El sistema es muy simple, comprar un producto a un precio muy bajo en el mercado y venderlo a un precio más alto en otro mercado.

Un ejemplo claro de este sistema de mercados es el portal EBay, aunque existen otros mercados de compraventa muy versátiles en los que podemos comprar y vender nuestros productos, podemos usar este como referencia principal para comprar y vender productos de todo tipo.

En éste mercado podemos conseguir productos de diferentes países a un precio muy bajo con respecto a otros países y revenderlos en mercados en los que su coste es más elevado.

Para trabajar con este tipo de portales necesitarás una cuenta de correo y una cuenta donde administrar los pagos y cobros, la mayoría aceptan el gestor de pagos Paypal.

Abrir cuenta en EBay y Paypal es sencillo y viene indicado como hacerlo paso a paso en los portales de las dos empresas.

¿Qué tipo de productos podemos comprar o vender?

Esta es una **muestra de compraventa por EBay en pocos pasos** comprando en España y vendiendo en el extranjero y viceversa. Podemos encontrar ofertas en todo tipo de productos, personalmente he podido asistir a ofertas con las que ganar dinero en cámaras de fotos, I-Phones, elementos de coleccionista (cartas de las colecciones de Blizzard, películas de coleccionista como Hell Boy y el Señor de los anillos *Las dos torres* con la figura incorporada y que están muy buscados, juegos de mesa descatalogados y muchas otras), productos de pesca tales como cañas y carretes, consolas de videojuegos, equipamientos deportivos que no precisan talla (pulsímetros, GPS, walkies, miras telescópicas y aperos para caza, elementos de buceo..) todo esto y cientos de productos más.

Para encontrar elementos de compra con los que hacer negocio tan solo tenemos que escoger un sector de ocio determinado, ver qué elementos se utilizan y buscar de entre alguno de esos elementos si existe una opción con la que podamos ganar dinero.

Ejemplos reales de compraventa de productos

Como podemos ver en las tres siguientes ilustraciones, el mismo producto se puede adquirir en otras tiendas a un precio más económico y revenderlo en otros portales como dvdgo.com e incluso EBay obteniendo beneficios.

Ilustración 1: Página de compra del pack edición de coleccionista de la película Hellboy en fnac.es

Ilustración 2: Página de compra del pack edición de coleccionista de la película Hellboy en EBay

Ilustración 3: Página de compra del pack edición de coleccionista de la película Hellboy en dvdgo.com

En las ilustraciones 1, 2 y 3 podemos ver un claro ejemplo en el que las dos últimas páginas nos dan la opción de vender este producto. Nuestra tarea aquí consiste en adquirir este producto en concreto y ponerlo a la venta obteniendo beneficios.

Nota: Las tres imágenes han sido captadas el mismo día con un intervalo de tiempo de unos cinco minutos de diferencia cada una, y los precios y el producto son totalmente verídicos.

Ejemplo de venta de productos al por mayor

Otra de las cosas que se pueden hacer para poner en marcha un negocio de compraventa y que funciona bastante bien es, en primer **lugar buscar diferentes productos de una misma categoría en portales como EBay y comparar sus precios con los de esas mismas categorías en países con economías emergentes**. En este caso hemos buscado complementos para Ps3 en Brasil México y España.

Después de buscar por diferentes sitios y comparar varios productos hemos encontrado uno que se adaptaba a una buena oferta de mercado.

En EBay el precio de los adaptadores para mandos PS2/PS3 están al precio de 1.00 Euros + 3 de envío, mientras que el precio en el mercado brasileño está sobre los 52R$ reales cada uno de media y en el mejicano por 70$, que al cambio están alrededor de 21.00 Euros y 49.00 Euros tal y como podemos ver en las imágenes extraídas de los diferentes portales ilustraciones 4 y 5.

Ilustración 4: Imagen extraída de EBay para la venta de adaptadores de mandos de consola

Clique na imagem para ampliar
Adaptador para PS2/PS3 - NEO Cod. do Produto: 22025554
NEO
Este produto ainda não foi avaliado: Seja o primeiro.
Saiba + sobre este produto
Por: R$ 54,90
Parcelamento no cartão de crédito
2X de R$ 27,45 sem juros
3X de R$ 18,30 sem juros
4X de R$ 13,73 sem juros
5X de R$ 10,98 sem juros
6X de R$ 9,15 sem juros
7X de R$ 7,84 sem juros
8X de R$ 6,86 sem juros
9X de R$ 6,10 sem juros
10X de R$ 5,49 sem juros
Só com Cartão Submarino

Ilustración 5 Impresión extraída de submarino.com.br

Como se puede ver, los precios de un país a otro varían de una forma que pueden proporcionar grandes beneficios.

Ahora bien, hay que tener en cuenta que EBay no realiza envíos a algunos de estos países, con lo que para poder realizar toda la operación hay que ver a qué precio hay que vender estos productos y en qué cantidades para que nos salga rentable realizar los envíos nosotros mismos.

Para ello calcularemos el precio de compra del producto + el precio de envío + el precio del envío a nuestro cliente, para así poder calcular el precio de venta real del producto. En este ejemplo esto nos da la siguiente cantidad:

- Compra + envío del producto a nuestra casa…… 3.99€.
- Envío a Brasil o México……………………………………..27,00€.

- Total...30.99€ (39.99€/Coste por unidad).

Tal y como podemos apreciar, vender este producto nos supone pérdidas, pero veamos un detalle. Este producto en concreto pesa menos de 50g. Y el precio hasta 1kg desde España hasta Brasil o Méjico vía correo ordinario está aproximadamente sobre los 27,00 Euros, con lo que en el mismo envío podríamos incluir hasta 20 unidades de estos productos por el mismo coste.

Recalculando esta operación para enviar varias unidades al mismo tiempo nos supondría un total diferente mucho más atractivo:

- Compra + envío del producto a nuestra casa......3.99 x 20 unidades=79.80€.
- Envío a Brasil o México...27.00€.
- Total...106.80€ (5,34€/Coste por unidad).

Esto significa que realizando un envío de 20 unidades tengo un margen de alrededor de 15.00€ de beneficios por unidad en el mercado de los dos que hemos seleccionado con el que menos beneficios obtengo.

Ahora ha llegado el momento de encontrar un comprador, cosa que puede suponer una tarea titánica si no conocemos los cauces adecuados. Muchos de los posibles clientes en cada campo, suelen consultar foros de debate para estar al día en las últimas novedades referentes a dicha temática, así que lo ideal es **buscar foros relacionados con la temática relacionada con el producto y ofrecer un precio u oferta que sea realmente atractivo**.

Otra de las opciones en **poner anuncios en los diferentes portales de anuncios clasificados** de cada uno de los países en los que quiero poder vender estos artículos. Hay que pensar que podría realizar una venta en cada país, o más de una, así que es ideal crear un anuncio atractivo y que me sirva durante un periodo de tiempo aceptable.

Obviamente y siguiendo con el ejemplo, nadie necesita 20 adaptadores PS2/PS3 para su uso personal, pero **es posible vender este producto si proponemos al posible comprador la oportunidad de hacer negocio** con nuestra venta.

Muchos de nuestros clientes cuando vendamos al extranjero pueden ser dueños de tiendas, o bien universitarios bien relacionados cuyo círculo de amigos sea su foco de venta o también gente que esté muy metida en cada una de las temáticas que nos sumerjamos, así que a la hora he de encontrar un comprador deberá ser alguien que quiera una cantidad de entre 10 y 20 adaptadores para poner en marcha este negocio.

La opción que se podría aplicar es la de obtener entre unos 5.00€ y 8.00€ de beneficio por unidad, así que nos ponemos en marcha a ello y diseñamos nuestro primer anuncio.

Para poder poner un anuncio en el país que quiero, simplemente introducimos la siguiente frase en el buscador Google o Yahoo: *Clasificados México o Anuncios México*

El buscador nos devolverá los resultados de portales de anuncios clasificados (de Méjico en este caso) en los que podremos introducir nuestros anuncios. Haremos lo mismo para los foros especializados, en este caso del ejemplo buscaríamos lo siguiente: *Foros PS3 PS2 y Foros componentes PS2 PS3* en cualquiera de los casos obtendremos resultados que nos permitan insertar nuestra publicidad.

Cómo diseñar mis anuncios

En este caso hemos introducido un anuncio con la opción de comprar un lote de 10 adaptadores por 120.00€, que cuesta un total de 66.90€ y otro de 180.00€ que nos sale por un precio total de 106.80€. En el caso de tener una venta en cualquiera de los dos lotes obtendremos beneficios de entre 55.00€ y 74.00€.

A partir de aquí introducimos los anuncios en base a esos precios y esperamos a los resultados. El anuncio, para ser efectivo, debe tener las siguientes características:

- **Cabecera llamativa e informativa:** En ella captamos la atención del cliente sobre el producto.
- **Descripción de lo que vendemos:** Cuanto más concisa y resumida mejor, así fomentamos que el cliente contacte con nosotros, además debe llevar siempre el precio del producto y condiciones de envío y venta.
- **Imagen del producto:** Llama más la atención un anuncio si vemos lo que compramos.
- **Frases promocionales:** Las palabras como gratis, oferta, novedad, descuento entre muchas otras son palabras que atraen nuestra atención de una forma mucho más efectiva que otras. Si sabemos utilizar las palabras promocionales nos aumentarán las posibilidades de venta.
- **Correo de contacto:** Sobre todo en casos de foros, no está de más dejar un correo a la vista para que puedan realizar los pedidos o simplemente solicitar más información, en la mayoría de portales de anuncios tenemos la opción de contactar con el anunciante, pero en los foros es ideal que nos puedan contactar de alguna forma y queden esos datos a la vista.

Con todo esto tendremos un anuncio atractivo que además pueda inspirar confianza en nuestros futuros clientes. Este sería un ejemplo del producto que hemos visto anteriormente:

Como podemos ver enmarcado entre círculos en la ilustración 6 tenemos los elementos que forman el anuncio y que aumentarán nuestras posibilidades de venta.

Ilustración 6: Ejemplo de anuncio de venta en mercattel.com

Para promocionar este tipo de productos es aconsejable incluir unos quince o veinte anuncios en foros y portales de anuncios clasificados. Una vez publicados los anuncios podemos empezar a buscar otros productos para promocionar y seguir este mismo proceso. Al cabo del tiempo nos irán llegando diferentes consultas sobre el producto o incluso compras directas. En algunos casos el mismo día que insertamos los anuncios obtenemos ventas, en otros casos pueden tardar algo más, incluso algunos anuncios son muy efectivos y recibimos ventas de un modo periódico que puede llegar a proporcionarnos muchos beneficios a lo largo de un largo periodo de tiempo.

Cuando un anuncio es muy efectivo es conveniente ir renovándolo, ya que los portales de anuncios van publicando en orden de llegada, y a medida que otros usuarios publican sus productos, nuestros anuncios van bajando de posiciones en el tablón de anuncios. Al renovar el anuncio este vuelve a estar en la parte superior de su sección y vuelve a ser visto por más posibles compradores.

También hay que tener en cuenta que un anuncio puede estar en línea de manera indefinida, y generar consultas hasta nueve meses o un año después de haberlo creado, tanto cuando proviene de foros como cuando viene de tablones de anuncios.

Cómo asegurarnos el cobro del producto

Si utilizamos para vender nuestros productos la plataforma EBay, el comprador realizará el pago en el momento de realizar el pedido, en cabio cuando el comprador contacta con nosotros por otros medios es imprescindible asegurarnos el pago del producto y a la vez generar confianza en el comprador para que este realice la compra.

Habitualmente razonando y negociando con el cliente se suele llegar a un acuerdo y la gran mayoría de compradores pagan antes de realizarles el envío. En el 99.9% de mis transacciones utilizo Paypal, aunque en algunas he llegado a usar métodos de pago como Western Union, MoneyBookers e incluso pagos contra reembolso, dependiendo del usuario.

Si el cliente es reticente a realizar el pago, siempre se le puede indicar que puede solicitar una devolución a Paypal si no recibe el producto, y que normalmente esta reclamación suele ser efectiva, con lo que no tendría ningún problema si el producto no llegara. Con estas indicaciones el cliente suele quedarse bastante tranquilo en ese tema.

Cómo evitar reclamaciones por demora

Cuando realizamos un envío fuera de España, sobre todo fuera de Europa puede ocurrir que este tarde en llegar a su destino más tiempo del esperado. Esto puede generar una reclamación por parte del cliente a pesar de haber hecho nuestro trabajo correctamente.

Por eso es aconsejable realizar siempre una foto del producto enviado, ya dentro de su caja sin cerrar y escanear una copia del recibo de envío. Una vez tenemos esas dos imágenes las enviamos al cliente y de esa manera nos evitamos problemas que pueda darnos la impaciencia de los clientes.

Negocios de compraventa con inversión mínima: Venta de productos que requieren compra previa

De la misma manera hemos explicado en los ejemplos anteriores. Podemos comprar lotes de productos en una cantidad asequible desde el extranjero y venderlos en España con una gran velocidad de entrega.

A diferencia del sistema anterior, **aquí debemos realizar una inversión mínima, sobre todo cuando el producto viene de fuera de Europa.** Esto es debido a una lógica muy simple, no sabemos cuándo nos va a llegar el producto, y nos es más complicado contactar con nuestros posibles proveedores, por eso, es aconsejable tener primero el producto y a continuación venderlo.

Para empezar es ideal optar por productos que cuesten poco dinero y podamos vender al detalle de manera prolongada.

He probado diferentes productos y este año me decanté por probar artículos y complementos de pesca y caza, aunque también podemos encontrar electrónica y ocio bastante interesante desde otros países, artículos de coleccionista, cosmética de importación, moda y complementos etc...., Hay que tener en cuenta que EBay por ejemplo tiene secciones para varios países y muchas tiendas como amazon.com venden a España la gran mayoría de sus productos.

Aún así **la compraventa de productos es aconsejable realizarla comprando en España y vendiendo en el extranjero con inversión 0 o al menos teniendo que amortizar el mínimo de capital posible,** ya que es la mejor forma de evitarnos sorpresas desagradables a la hora de recibir los productos.

Solo es aconsejable comprar productos del extranjero a empresas que conozcamos o de las que tengamos buenas referencias. Una de las empresas ideales para comprar productos bastante exclusivos y con muy buena salida en el mercado español es amazon.com, pero hay que tener en cuenta que cosmética y perfumería no se envían a España desde Reino Unido.

Ilustración 7: Portada de dofertas.com

Como vemos en la ilustración 7 este es un portal de propietario particular dedicado a comprar en España y vender los productos a Brasil. La mayoría de productos que se anuncian son muy baratos de adquirir en España en comparación con sus precios en los países de destino, que por el contrario son muy elevados, con lo que poniendo un precio intermedio se pueden obtener beneficios suculentos.

Este tipo de portales son plantillas integradas mediante los gestores de contenidos como Oscommerce, Drupal, o Joomla en las que se introducen productos que son mucho más baratos de comprar en España que en Brasil y que se suelen enviar sobre pedido. Para este tipo de páginas web hay que tener en cuenta el idioma y el cambio de moneda del país de destino e intentar trabajar con ellos de la forma más correcta posible.

El sistema de promoción por medio de anuncios y foros lo realizaríamos de la misma forma que en el proceso anterior al igual que el sistema de cobro, aunque estos administradores de contenido permiten integrar botones de pago Paypal entre sus muchas herramientas.

Compraventa de nombres de dominio

Un nombre de dominio es una red de identificación asociada a un grupo de dispositivos o equipos conectados a la red (Internet) que traduce las direcciones IP de cada nodo activo en la red, a términos memorizables y fáciles de encontrar.

Por ejemplo, un nodo o dirección IP podría ser: http://198.0.75.15 . El nombre de dominio que podemos asignar a esa dirección IP podría ser http://ejemplo.es .

Este es uno de los filones por explotar todavía en muchos casos. Idear el nombre de un dominio y registrarlo es una tarea simple y económica (Entre 6.00€ y 60€ dependiendo de la extensión del dominio), y que puede ser terriblemente lucrativa si somos imaginativos, gestionamos las ventas correctamente y tenemos un poco de suerte.

Para registrar un nombre de dominio es imprescindible que todavía no esté registrado por otra persona. Podemos utilizar cualquier empresa que ofrezca servicio de alojamiento y registro de dominios, personalmente suelo utilizar 1and1.com aunque existen cientos de empresas que nos permiten realizar esta operación.

Una vez tenemos diferentes nombres de dominio registrados a nuestro nombre podemos crearnos cuentas en las diferentes empresas de venta y subasta de dominios. Una de las más usadas y que mayor volumen de negocio genera es la plataforma de subastas de dominios sedo.com.

Para comprar y vender nombres de dominios es ideal leer detenidamente y seguir sus reglas de compraventa y los cánones de calidad de nombres de dominio.

Aunque igual vamos a recibir ofertas, estas suelen ser más frecuentes si aplicamos las reglas de calidad y editamos todos los datos necesarios referentes a nuestro nombre de dominio en venta, como pueden ser las palabras clave con las que está relacionado, el sector al que se puede asignar y muchos más.

El precio de registrar durante un año un dominio con extensión .com es de 8.65€. Algunas empresas dedicadas a la adquisición de nombres de dominios pueden llegar a pagar hasta 300€ o 400€ de media al comprar estos dominios por medio de plataformas de compra y subasta.

El tiempo de venta de un nombre de dominio puede variar, pero vendiendo uno solo de esos dominios podemos pagar el coste de hasta otros 20 o 30 más que podremos poner en el escaparate a la espera de nuevos compradores.

Dominio	Tiempo restante	Puja actual
Todos los dominios que cumplen los critérios de búsqueda		
licht-der-welt.de	48m	450 EUR
rentagreencar.com	1h 27m	60 USD
mydroid.com	1h 48m	1.400 USD
otoeksper.com	3h 1m	750 USD
datenschrank.com	3h 48m	1.000 EUR
personalbingo.com	4h 22m	125 USD
vip-cialis.com	4h 28m	80 USD
watchmyshow.com	6h 43m	60 USD
dsyn.com	7h 7m	650 USD
sous-vide-supreme.com	7h 22m	310 EUR
agdi.com	7h 35m	250 USD
yja.com	7h 50m	4.999 USD
emr.com	9h 33m	340 USD

Ilustración 8 Panel de subastas de dominios en sedo.com

En la ilustración 8 se ve en los precios ofertados por compradores cómo tan solo uno de cada cuatro dominios tiene una oferta inferior a los 200€, y en todas las operaciones el precio de venta es muy superior al precio de compra cuando se trata de un registro original.

transferencia de horoscopo-hoy.com

Estado actual: Dominio Vendido. Transferencia en proceso.
ma actualización: Estado del pago

Precio de venta: 220 EUR
Comisión de Sedo: 50 EUR
Cantidad neta a ingresar: 170 EUR
(Detalles)

Ilustración 9: Panel de estado de venta de dominios en la zona de administración de sedo.com

También podemos ver en la ilustración 9 los beneficios por la venta de un nombre de dominio alcanzan en la mayoría de los casos un mínimo de hasta quince o veinte veces su precio de registro que suele estar en ocho Euros.

La empresa sedo.com tiene unas comisiones de venta un tanto altas, entre un 15% a un 25% del precio final con un mínimo de 50 Euros, pero es el portal que mayor movimiento registra en el tema de compraventa de nombres de dominios online.

Aunque la mayoría de ofertas rentables suelen ser por nombres de dominios con extensión .com también reciben buenas ofertas los nombres de dominio con otras extensiones aunque en menor medida.

Vendiendo una media de tres a cuatro dominios al mes podemos tener un negocio realmente rentable. Si además sabemos diseñar proyectos web e introducirlos en esos dominios, las posibilidades de venta y mejoras en el precio aumentan en un 300%.

Los nombres de dominio más solicitados suelen ser términos en inglés y alemán que incluyan palabras muy caras o de moda, aunque algunas expresiones en otros idiomas están consiguiendo precios muy altos.

Venta de productos de creación propia

Otra opción de compraventa que no requiere una gran inversión ni conocimientos ampliamente especializados es la de productos que nosotros mismos elaboramos.

En este campo, el producto estrella es la fotografía y la composición de imagen. Empresas como Fotolia.com, Shutterstock.com Photaki.es permiten **añadir fotografías y composiciones gráficas para la venta de sus derechos totales o parciales.**

Si cualquier imagen que enviamos cumple con los requisitos de alguna de estas empresas automáticamente pasa al catálogo de la empresa y cada vez que un usuario adquiera los derechos de uso de dicha imagen recibimos un ingreso.

La venta de artículos y reportajes originales para blogs también se encuentra en alza, empresas como textbroker.com o teliad.es ofrecen la posibilidad de escribir artículos para posteriormente insertarlos en los blogs de sus clientes o incluso en los del propio autor, incluidos los de blogs pertenecientes a la red de *Blogger* que son de gratuitos. Algunas ofertas superan los 50 Euros por artículo como en el caso de teliad.es

Otro de los productos propios que podemos vender son los productos artesanales de ocio y decoración e incluso útiles realmente necesarios para actividades concretas. He conocido casos que venden desde réplicas en miniatura de tacos de billar a modo decorativo hasta jaulas especiales para el transporte de palomos de competición, cerámica artesanal decorada, arte en bronce, cuadros y cientos de cosas más.

En definitiva, cualquier cosa que podamos crear o fabricar y otros quieran llegar a comprar es susceptible de entrar en este tipo de mercado, solo hay que encontrar el cauce de venta adecuado y el precio que más se ajuste.

El peligro de los negocios de inversión y apuestas

Todo el mundo conoce a un tercero que conoce a un cuarto que dice que tiene un conocido que se gana la vida jugando al Poker en línea, o que se gana la vida mediante un sistema infalible de apuestas. También muchos preguntan maravillados qué hay que hacer para ser un afamado inversor en línea en los mercados Forex o de valores.

Todo este torrente de conocidos, no es más que el reflejo de unos pocos reportajes anuales y casos aislados que dedican las televisiones a este tipo de genios de las matemáticas (que por otra parte realmente existen) y que nosotros o nuestros conocidos personalizamos a la hora de contar la historia como acto reflejo.

Está claro que es posible ganar dinero por medio de estos sistemas, pero hay que tener clara una cosa, para que alguien gane jugando al Poker otros deben perder, al igual que ocurre con las apuestas y las inversiones de mercado.

Para ganar dinero en cualquiera de estos campos hay que ser realmente un gran experto, en el caso del Poker por ejemplo, un jugador que quiera ganar debe seguir siempre los métodos correctos y jugar contra jugadores que no lo hagan, y aún así dependerá en gran parte del azar.

En el caso de las apuestas y los mercados de inversiones aún es peor, porque además de depender directamente del azar, existe la posibilidad de que el jugador pierda una gran cantidad de dinero.

Un sistema para ganar dinero no debe tener la puerta abierta a que pierdas tus ingresos, así que en estos casos mi consejo es huir de las apuestas y las inversiones como de la peste si no se es un genio del sector o se dispone de información privilegiada.

Conocimientos de diseño web

Negocios de compraventa

Cuando hablamos de conocimientos medios o de diseño web, consideramos que el usuario está capacitado para crear, editar y gestionar páginas web desde editores y administradores de contenido como Joomla, Drupal o Dreamweaber entre otros.

Dominando alguno o varios de estos entornos podremos crear nuestro propio negocio de compraventa de productos y tener en marcha una tienda online atractiva para el público y muy eficaz.

Podemos comprar el mismo tipo de productos en portales como los mostrados en los ejemplos anteriores y añadirlos en una página web creada por nosotros. También **es un sistema muy útil para aquellos que poseen una tienda física y desean vender sus productos por internet.**

Tiendas online

En estos últimos años he creado tiendas virtuales para propietarios de tiendas físicas de nutrición deportiva, cosmética, perfumerías, hardware, ropa náutica para regatas e incluso portales para propietarios de huertos de naranjas que actualmente venden la naranja recién recolectada por internet e incluso productos tan rebuscados como los que producen empresas de artesanos que confeccionan complementos capilares de fallera.

Todos estos negocios están consiguiendo su nicho de mercado poco a poco y captando clientes que de otra forma jamás hubieran comprado sus productos.

La ventaja de tener una página web en la que podamos mostrar todos los productos que queramos comprar o vender, es que además de que nosotros controlamos el contenido, precios e información, **no puede publicitarse nadie más a nuestro lado**, es decir, si en mi página web tengo en venta objetivos de cámara fotográfica o ropa por ejemplo, no puede aparecer otro usuario y poner ese mismo producto a diferente precio o con diferentes condiciones en mi misma página.

Ilustración 10: Portada de venca.es portal de venta de ropa online

Uno de los sistemas que requiere menos especialización para anunciar nuestros productos de nuestra tienda online, es promocionando nuestra página web de la misma manera que anunciábamos esos productos para venderlos vía correo electrónico, o sea, desde tablones de anuncios y foros temáticos.

Además vamos a obtener incluso mejores resultados, simplemente en lugar de poner como opción de compra el contacto de nuestro correo electrónico en los anuncios y comentarios de los foros, pondremos también la dirección de nuestra página web que será desde donde realice la compra nuestro futuro cliente.

Ventajas de una tienda online

Crear una página web con nuestros productos requiere de mayor tiempo y trabajo que si usamos solo un correo desde el que realizar las ventas, pero reporta una gran cantidad de ventajas.

- Cuando un comprador contacta con un vendedor puede ver el producto expuesto en una tienda, no solo un correo al que escribir, por lo que no actúa a ciegas al realizar la compra y eso le aporta más confianza.
- Estadísticamente no hay color, **la gente se está acostumbrando a comprar en tiendas online**, por lo que suele confiar más en el proveedor al que está comprando, sobre todo si es a través de un formato que ya le resulte familiar. Gracias a eso podemos integrar un sistema de pagos que haga que el comprador

realice el pago en el momento de procesar el pedido y evitar así problemas de cobro.

- Cuando un cliente compra en nuestra página web, si queda satisfecho, la asocia al sector de productos al que esta pertenece, y cuando necesite otro producto relacionado con ese sector o temática consultará nuestro portal; una venta por medio de correo electrónico de persona a persona suele acabar cuando se cierra la venta, **una compra a una tienda en línea empieza una relación comercio/cliente que puede ser duradera.**
- Otra de las grandes ventajas de poder vender mis productos por medio de una página web es que cada vez que un cliente venga siguiendo el producto de uno de mis anuncios, no solo encontrará ese producto, sino que los tendrá todos a la vista, y aunque no compre el producto que ha seguido puede que compre otro de los que tenga expuesto.

Teniendo en cuenta todas esas ventajas está claro que **es preferible tener una página web en la que podamos mostrar los productos que queramos vender**, pero claro, no todo será tan fácil, ya que una tienda online requiere de una planificación que sea efectiva y duradera si queremos obtener resultados satisfactorios. Así que veamos cómo hacerlo.

Cómo planificar nuestra tienda online

Si queremos ganar dinero por medio de la compraventa de productos utilizando una tienda virtual hay que planificar bien cómo lo vamos a hacer.

En primer lugar elegiremos la herramienta que mejor sepamos usar en este caso **las más utilizadas suelen ser Joomla, Grupal y Wordpress,** ya que estas requieren de menos conocimientos técnicos o simplemente son más sencillas de usar.

También podemos crear una tienda online con Oscommerce (Recomendado para tiendas físicas), aunque es un poco más complejo, o incluso diseñarnos nuestro propio modelo personalizado si tenemos conocimiento de los lenguajes de diseño y programación HTML y PHP (Este último método es el más recomendado).

Otra solución si disponemos de una tienda física o un negocio solvente y estable que queramos ver crecer en la red es **encargar que nos hagan la página web desde una empresa profesional si no disponemos de los conocimientos o el tiempo necesarios.**

Una vez seleccionada la herramienta con la que nos crearemos nuestra tienda virtual planificaremos cuidadosamente qué queremos vender, podemos seleccionar varios mercados diferentes, pero hay que tener en cuenta un detalle, y es que hay cientos de mercados que nos aporten beneficios, pero pertenecen a diferentes categorías o nichos de mercado. Esto significa que no podemos poner junto a una oferta en cámaras digitales otra de máscaras del Rey Misterio (personaje de lucha libre) y a su lado cebos de pesca y comics coleccionables. Es decir, sí que podemos, pero no es una práctica muy beneficiosa.

Si alguien compra cebos de pesca es posible que no se dedique a coleccionar comics o a la fotografía amateur, y también es posible que no vuelva a entrar en nuestro portal o directamente que no compre.

Está claro que podríamos crear una web llamada el baúl de las ofertas o algo así y meterlo todo en el mismo saco, pero eso no funciona habitualmente. Cuando creamos una página web que venda algún producto, tanto a la hora de definir el diseño de la web como cuando ya está preparado nuestro primer boceto nos debemos hacer varias preguntas. ¿Yo compraría aquí? ¿Seguro? ¿Alguien que conozca compraría en este modelo de portal si no sabe que es mi tienda online? ¿Es sencillo comprar aquí? ¿Encuentro lo que busco? Si las respuestas son afirmativas ya tenéis el primer paso.

Así que plantearemos nuestro portal siguiendo la siguiente premisa, ¿qué queremos vender? Podemos mirar las diferentes posibilidades y crear un portal dedicado solo a un nicho de mercado específico o crear una temática generalizada que abarque diferentes categorías.

Si dedicamos nuestra tienda online a una temática específica, como podría ser una web de artículos de caza y pesca, y publicar en ella las ofertas que encontremos de la misma manera que hemos visto en las anteriores secciones de Negocios de compraventa, puede que estemos limitando mucho nuestro nicho de mercado, pero también nos da la posibilidad de especializarnos en la temática y crear un referente de cara a nuestros potenciales clientes.

Si dedicamos nuestra tienda online a una temática generalizada, como podría ser una web de artículos deportivos, estamos dejando abierta la puerta a un nicho de mercado mucho mayor, ya que en ella podremos dedicarnos a artículos deportivos de pesca y caza igual que anteriormente, pero también podremos crear una sección de artículos para fotografía deportiva, artículos de colección de cualquier deporte, artículos aquellos relacionados con la práctica de cualquier deporte, venta de revistas e información deportiva etc..

Estos portales más generalizados suelen dar algo más trabajo al principio, pero nos dan la oportunidad de insertar cualquier producto que encontremos relacionado para vender y atraer a mayor número de clientes potenciales.

Seleccionar el aspecto ideal para nuestra página web

Elegir la estructura de nuestra página web

La estructura de nuestra página web determinará parte de nuestro éxito. En el momento en que ya tenemos decidido nuestro nicho de mercado llega el siguiente paso que es planificar el aspecto y la estructura de nuestra página web. Para ello hay que tener en cuenta no solo el contenido actual, sino también el contenido futuro. Hay que pensar que nuestro portal irá cambiando, sobre todo creciendo, a medida que aparezcan nuevos productos, nuevas noticias relacionadas, o bien decidamos crear nuevas secciones tales como ofertas, reportajes etc.

Además hay que tener en cuenta que la organización de nuestra página web ha de ser muy sencilla para nuestros futuros visitantes, no solo ha de tener el contenido bien organizado, sino que este también debe ser intuitivo fácil de usar.

En primer lugar vamos a ver qué contenidos esperamos introducir en nuestro portal y como distribuirlos. Está claro que no es lo mismo tener sólo una sección de productos, que un de productos y otra de noticias, que un portal más amplio con productos, noticias y reportajes, o un gran portal que exponga productos, noticias, reportajes, ofertas y comparativas.

Tampoco es lo mismo tener una tienda online de productos de pesca, que una tienda online de productos deportivos. El menú de una tienda correctamente estructurado presentará un aspecto ordenado, en el que cada sección dejará paso a sus respectivas sub-secciones. Un caso muy explicito podría ser el de la web amazon.es que podemos ver a continuación:

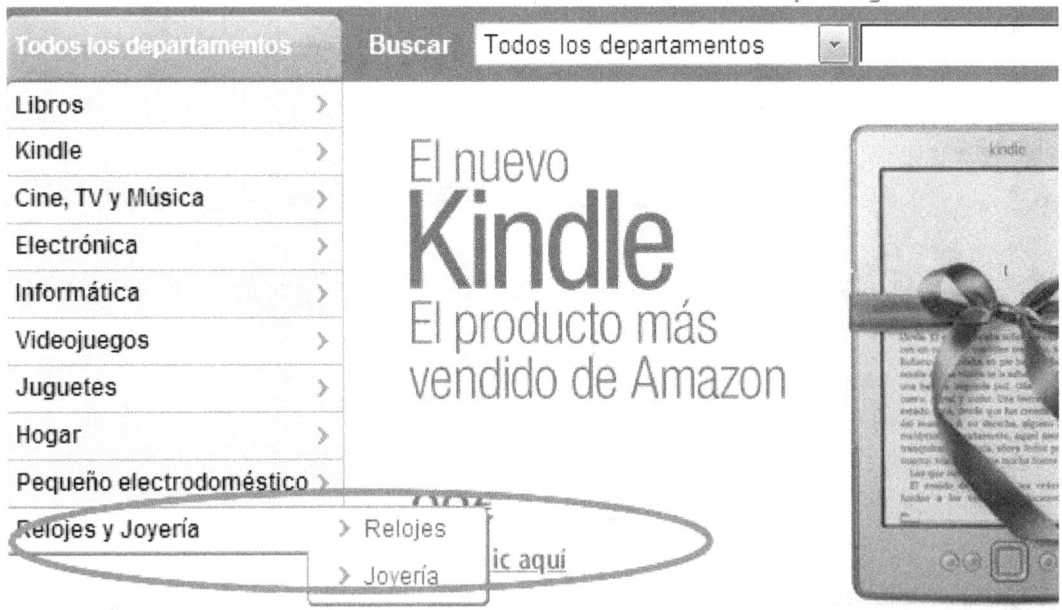

Ilustración 11 Menú lateral de la tienda amazon.com

Como podemos ver en la ilustración 11, la estructura del menú nos muestra diez grandes secciones de productos que a su vez albergan sus propias secciones específicas. Esta estructura nos permite almacenar grandes cantidades de productos en poco espacio, y de manera muy ordenada e intuitiva para nuestros usuarios.

A esto podemos sumar la sencillez con la que está presentado este menú, todo usuario que quiera acceder a cualquier sección de productos lo puede hacer con un solo clic desde la parte de nuestro portal en la que se encuentre.

Por otro lado, si no planificamos correctamente el menú en el que presentamos los productos nos podemos encontrar con grandes inconvenientes en el futuro.

Como podemos apreciar a continuación en la ilustración 12, el menú de productos de la web milproductos.com no ha sido planificado de antemano, **y con tan solo 16 productos nos llena prácticamente todo el espacio lateral de la página web**, además los productos están organizados por orden alfabético y no por categorías o clases, lo que puede causar confusión en los posibles compradores.

Ilustración 12 Menú de productos de milproductos.com

A esto hay que sumar que ampliar este portal puede ser sumamente complicado debido a la estructura que presenta, ya que el menú puede hacerse más y más grande a medida que entren los productos, causando un efecto totalmente antiestético y desorientador para sus usuarios.

Esta falta de planificación es un freno para el avance de la tienda online, y a la vez para los posibles clientes. Es por eso que hay que planificar una estructura en la que los usuarios se sientan cómodos.

Una vez hayamos decidido la estructura del menú, determinaremos también en qué lugares de la página hay que poner el resto de diferentes elementos que queramos agregar a la misma. Es ideal decidir de antemano si queremos que vean un determinado producto como primera opción, si queremos que los usuarios tengan acceso a menús de noticias, menús de reportajes, promociones y regalos etc.

La presentación de los productos en nuestra tienda online

Una vez decidido cómo organizar el contenido de nuestro portal, el siguiente paso es definir cómo queremos que lo vean nuestros usuarios, es decir, cómo vamos a presentar los productos y secciones y cómo van a interactuar con ellos nuestros posibles compradores.

Hay que crear páginas web muy sencillas de usar y que muestren empatía con el usuario

En primer lugar hay que tener presente que la gran mayoría de los usuarios de internet no poseen una práctica habitual en el uso de páginas web, muchos de ellos habrán comprado una o dos veces o incluso ninguna por internet cuando entren en nuestro portal, y es por eso que muchas veces les cuesta encontrar lo que buscan a pesar de tenerlo justo delante.

Si queremos que el cliente compre cuando entre a nuestra tienda online, el mejor sistema que podemos emplear es no dejar que pueda hacer otras cosas en nuestro portal, es decir, el cliente debe poder o comprar o salir de la página. Hay que evitar distraerlo a toda costa, y cuanto más sencillo sea el camino para realizar la compra más efectivos seremos a la hora de conseguir ventas. Las reglas a tener en cuenta para que una página de venta online funcione son las siguientes:

- **Forma de comprar muy sencilla:** El cliente debe poder realizar la compra en dos o tres acciones.
- **Posibilidad de atención al cliente**: e-mail de atención al cliente, teléfono, formularios de consulta, chats para responder en vivo, todo vale para que el cliente pueda ver que hay una persona y un servicio detrás del producto que va a comprar.
- **Interactividad con el cliente:** Si el cliente puede tener su propia ficha de usuario podremos enviarle promociones, ofertas y no perder el contacto, lo que facilitará que vuelva.
- **Empatía con el cliente y el producto:** El aspecto general de la web tiene debe estar en un entorno que podamos relacionar con lo que es el producto en sí mismo. Hay que saber a qué tipo de público va dirigido, los entornos que envuelven a nuestros productos etc.

A continuación en la ilustración 13 nos aparece la página principal de un portal de venta de productos de electrónica. Como podemos ver, la estética es muy similar a la que presentan las tiendas físicas de las grandes cadenas, como podría ser la cadena de electrónica Media Markt o Carrefour. Además la presentación de los productos es similar a las que encontramos en la publicidad que estas tiendas envían en sus folletos de buzoneo, y que por lo tanto el público ya tiene relacionas.

Ilustración 13 Portada navideña de pixmania.com

En esta página la portada nos lleva a los productos que más les interesa vender en ese momento. El visitante con un simple clic ya llega a la información detallada de cada producto.

También podemos ver en la parte superior de la ilustración cómo el menú superior está dividido en diversas secciones. Desde este menú los usuarios pueden acceder a todas las partes de la página web.

Cualquier usuario de este portal tiene a simple vista los precios de los productos estrella y los botones de compra de los mismos, con este aspecto la web tiene un mayor porcentaje de éxito con sus visitantes.

Ilustración 14: Sección de perfumes de mujer de mercaperfume.com

En este otro portal (ilustración 14) **podemos encontrar todos los elementos necesarios anteriormente citados para que una web de venta online funcione**.

La página nos muestra cómo se ofrece la opción al cliente de darse de alta y por lo tanto de interactuar con todos los eventos que promueva este portal. También tiene todos sus productos ordenados por categorías de manera sencilla e intuitiva, por lo que cualquier cliente pueda buscarlos sin muchas dificultades.

Además ofrece la posibilidad de acceder a un soporte de atención al cliente, en este caso vía teléfono y vía correo electrónico, con los que aumenta la confianza de los usuarios a la vez que mejora sus servicios.

Y finalmente muestra las categorías de sus productos de manera estructurada, de forma que el cliente cuando entra en cada una de las secciones se le muestran los productos como si de un catálogo se tratara.

Además, cuando el cliente quiere comprar un producto tiene la opción de añadir dicho producto al carrito resaltada con las palabras *"añadir al carrito"*, de manera que pulsando el botón ya entra en el proceso de compra del producto.

Cómo vender sin tienda online

Como vender sin tienda online (Páginas de recomendados)

Puede darse el caso de que no tengamos la opción de poder acceder a una gran cantidad de productos que vender y de los que sacar beneficio, y que por lo tanto nuestros recursos queden un poco limitados.

También puede darse el caso de que no nos convenga tener todo un gran conjunto de productos almacenados en una tienda online, bien porque no siempre estarán disponibles los productos, bien porque no queremos tener un stock almacenado o por otro millón más de motivos que puedan ir apareciendo.

En esos casos es posible que nos convenga tener un tipo de portal diferente a una tienda online para vender nuestros productos por internet.

También podemos utilizar varios tipos de portal que a pesar de no vender directamente, están orientados a conseguir una venta como objetivo final. Este tipo de portales también son muy útiles para gestionar los productos de los llamados programas de afiliados, que veremos muy extensamente más adelante y los programas de pago por clic que también detallaremos en profundidad, aunque también se pueden aprovechar para vender productos de nuestros propias tiendas físicas o servicios.

Los tipos de páginas web más usados para estos menesteres son:

- Comparativas temáticas.
- Portales especializados en temática relacionada (venta indirecta).
- Blogs de noticias en temática especializada (venta indirecta).

Cómo vender sin tienda online: Comparativas temáticas

¿Quién no ha oído hablar hoy en día de portales como rastreator.com, segundamano.es o de trivago.es? Son los ejemplos de comparativas temáticas elevadas a su máxima expresión.

El concepto de una comparativa temática es muy claro, **un buscador compara diferentes productos del mismo nicho de mercado en los que sea cual sea el que compre el usuario, el dueño de la comparativa obtenga un beneficio.**

Está claro que si encontramos un producto que vender, como por ejemplo, modelos de una cámara de fotos a buen precio, no podremos compararlas con otras que tengamos disponibles para su venta. Es posible que no tengamos suficientes modelos de cámaras para comparar, pero sí que podemos compararlas con los mismos modelos de otras tiendas que tengan un precio superior y así inclinar el peso de la compra en dirección a nuestro producto.

Comparativa entre las Cámaras Reflex baratas más populares:

	Canon EOS 550D	Canon EOS 1100D	Nikon D3100	Sony Alpha DSL A390
Ver en formato resumido				
	6 comentarios	1 comentario	10 comentarios	2 comentarios
Datos generales				
Otros nombres	Digital Rebel T2i EOS Kiss Digital X4	Digital Rebel T3 EOS Kiss Digital X50		
Tipo	reflex	reflex	reflex	reflex
Precio oficial	729.00 €	499.00 €	599.00 €	--
Precio tiendas	**478 €**	**335 €**	**470 €**	**359 €**
Fecha anuncio	08/02/2010	07/02/2011	19/08/2010	09/06/2010

Ilustración 15 Comparativa de precios en decamaras.com

Como se puede ver en la ilustración 15, en este portal se comparan las cámaras a las que se tiene acceso a unos precios mucho más económicos que en las tiendas oficiales. Estos son precios finales en los que los vendedores aún obtienen beneficios. Posiblemente habrá más cámaras en el mercado con las mismas características, pero los administradores de este portal solo ponen a disposición del público aquellas que pueden vender a precios más bajos en relación a otras tiendas obteniendo beneficios.

Cómo vender sin tener productos para comparar en una comparativa

Puede darse el caso de que tenga disponible un solo producto para vender del que obtener beneficios. En ese caso es aconsejable usar como recurso los productos de los programas de afiliados.

Los programas de afiliados son portales en los que ofrecen herramientas con las que anunciar a diferentes empresas desde tu propia página web, obteniendo beneficios al generar ventas, registros, clics e incluso en algunos casos impresiones. Muchas de esas empresas, como veremos más adelante, ofrecen la opción de vender sus propios productos uno a uno a cambio de una comisión.

Siguiendo con el ejemplo de la cámara, supongamos que solo obtuviéramos beneficios por la venta de una de estas cuatro cámaras que aparecen en la ilustración anterior.

Afiliándonos a un programa de afiliados como podría ser pixmania.com podríamos incluir también las cámaras que esas empresas tienen en venta, y ganar entre un 2% y un 5% en cada venta dependiendo del tipo de producto cuya venta realizáramos para ese portal.

Gracias a eso, siempre podríamos vender tanto nuestros propios productos como los productos de terceros obteniendo beneficios y al mismo tiempo consiguiendo una mayor cantidad de contenido para nuestra página web.

Otra opción es no buscar ninguna oferta en la que tengamos que comprar el producto y después venderlo, y en su lugar promocionar sólo los productos de las empresas que se anuncian en programas de afiliados.

Esto nos da la opción de buscar diferentes programas de afiliación que nos proporcionen anunciantes y nos permitan montar nuestra comparativa de productos obteniendo siempre un porcentaje de beneficios en cada venta independientemente del producto que se venda al final.

Esta es una opción bastante más cómoda para aquellos emprendedores que no disponen de tienda propia o de los recursos necesarios para poder tener un stock de productos, ya que no es necesario estar buscando ofertas de continuo, ni tenemos que comprar para vender evitando así realizar inversiones.

Con este método nos proporcionan los elementos de venta las mismas empresas y ellos mismos las venden a través de su red asignándonos nuestra comisión.

Otra de las grandes ventajas es que no necesitamos preocuparnos por la logística a la hora de gestionar la venta del producto, ya que los mismos anunciantes se encargan del cobro, el envío e incluso las reclamaciones si las hubiera. Con este método simplemente hemos de preocuparnos de cobrar las comisiones generadas por nuestras ventas.

Por el contrario, si trabajamos siempre para otros anunciantes nos podemos encontrar con que nunca tendremos una bolsa de clientes que nos compren de continuo, ya que los clientes compran a los anunciantes y la tienda donde volverán será la de estos cuando necesiten realizar otra adquisición de algún producto relacionado con la compra anterior.

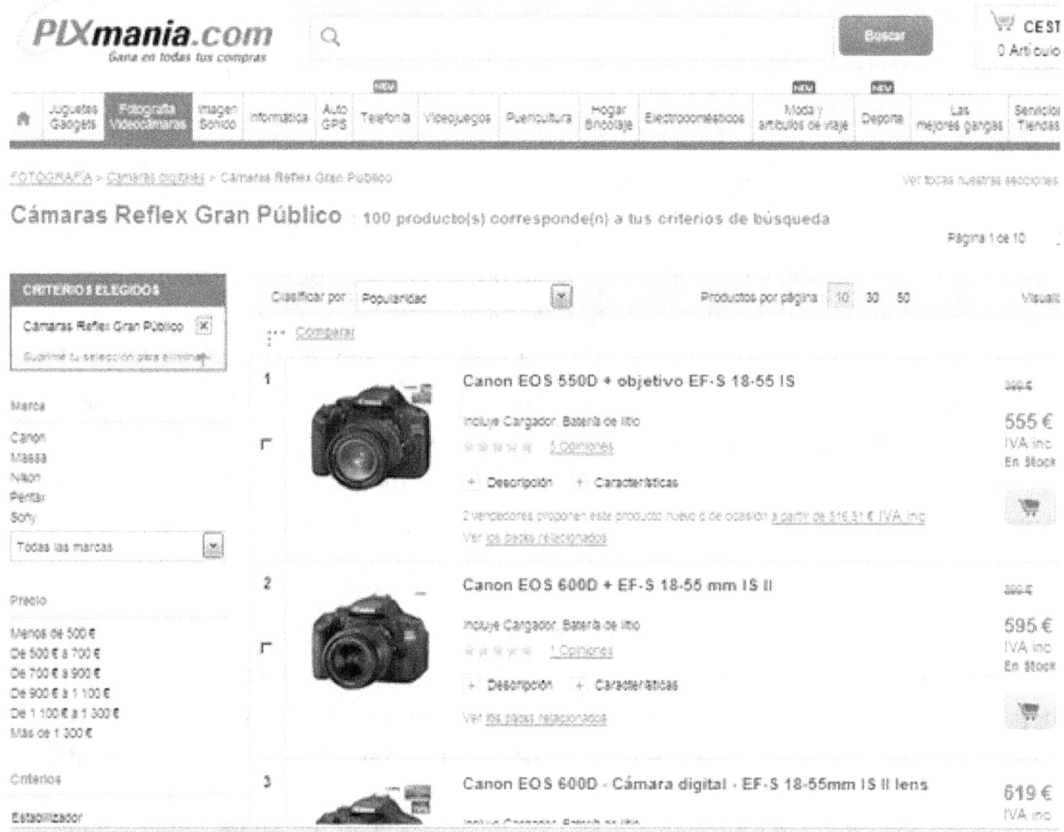

Ilustración 16 Cámaras en oferta de pixmania.com

Portales especializados en temática relacionada (venta indirecta).

Otra forma de vender online es la de **crear portales cuya temática lleve a nuestros posibles clientes a comprar productos relacionados con la temática de nuestra web a través de su interés con dicha temática**.

En estos portales se crean una serie de elementos de información tales como reportajes, artículos informativos (normalmente sensacionalistas), y todo tipo de información de interés que termine por orientar al usuario a interesarse por los productos que nosotros ofrecemos tanto directa como indirectamente.

El mecanismo es el mismo también para los Blogs de noticias en temática especializada, por lo que los veremos los dos en conjunto. La gran diferencia entre los blogs y los portales temáticos es mínima y viene relacionada con el posicionamiento y la vida útil de los artículos, cosa que veremos más adelante en profundidad.

En estos portales, la gente que entra no está buscando nuestro producto, sino que está buscando alguna información relacionada con ese producto, y por medio de esa información relacionada vamos a crear los factores favorables para vender a los usuarios de la web nuestro producto.

Ejemplos prácticos de portales de venta indirecta.

Ejemplo 1: En este ejemplo tenemos la opción de vender un aparato vibratorio para la zona lumbar y abdominal, y para ello existen diferentes caminos que nos lleven al éxito. O bien podemos vender el aparato a través de una tienda online, o por medio de un comparador de productos, que son los métodos anteriormente explicados, y que son los caminos por los que encontrará aquel nuestro portal aquel cliente que esté buscando esos productos de una forma específica; o también es posible que estén buscando los efectos beneficiosos de ese aparato en concreto, la mejor forma de usarlo, como conseguir los objetivos que ese aparato nos permite alcanzar etc. que sería el camino alternativo a encontrar este producto.

Si yo quiero vender un aparato vibratorio para la zona lumbar y abdominal como en este caso, he de saber para qué se utiliza y cuál es su funcionamiento, es decir, **he de conocer un producto antes de venderlo**. Estos aparatos en concreto se suelen utilizar para adelgazar, fortalecer abdominales, reducir cintura y dar masajes en los riñones y espalda.

Por lo tanto, puedo vender este aparato a cualquiera que esté buscando métodos para adelgazar, fortalecer abdominales, reducir cintura o dar masajes en los riñones y espalda entre otros.

Para ello usaré una página web temática, en a que introduciré la información necesaria para encaminar a sus visitantes a la compra de este producto. Personalmente me he decantado por un portal de deporte, en el que he creado varios reportajes, uno de ellos trata sobre cómo realizar correctamente ejercicios abdominales y el otro sobre cómo conseguir un vientre plano.

En ellos explico correctamente paso a paso como realizar todo este tipo de ejercicios abdominales y de cintura, por medio de vídeos, gráficos y texto, además explico también como mejorar los resultados gracias a este producto.

En la zona final de los diferentes reportajes es ideal añadir el enlace de venta del producto con un banner creado por expresamente para incentivar la visita a la página de compra del producto y con ello atraemos al cliente a la página del anunciante.

Con estos reportajes, estoy aportando una solución a un problema a los visitantes de mi portal y al mismo tiempo les estoy ofreciendo el producto con el que reforzar la solución a su consulta.

Se puede considerar que respondiendo a la pregunta sobre el tema que buscan los usuarios del portal, se puede aprovechar y ofrecerles un producto que les ayude a solucionar ese problema o consulta.

Ilustración 17 Reportaje sobre ejercicios abdominales de tufigura.es

Ejemplo 2: Supongamos que tengo entradas para el partido de final de Copa del Rey de 2011 entre el Real Madrid y el FC Barcelona. Si quiero vender estas entradas por medio de un portal temático necesitaré un espacio dedicado a alguna de las siguientes temáticas: Real Madrid, FC Barcelona, Fútbol, venta de entradas, compraventa, espectáculos.

En este caso tengo creada una sección de venta de entradas, en la que cuando aparece un evento para el que la gente busca entradas, lo actualizo con la opción de acceder a la página de compra de dichas entradas a través de uno de los anunciantes de los programas de afiliados en los que estoy dado de alta. En este caso menciono el del partido de final de copa del Rey 2011 en concreto porque fue especialmente lucrativo.

Para vender las entradas creé una serie de reportajes en el portal donde-comprar.ws, un blog de noticias en el que informo de diferentes lugares de internet donde comprar diversos productos y servicios. En dichos reportajes hablo claro y tendido a lo largo de los días de los mejores sitios donde poder adquirir entradas a un precio todavía asequible para la final de la copa del Rey 2011.

Además al estar insertado en un blog de noticias, la página web se posicionó fácilmente en los buscadores en términos relacionados con la compra de entradas para la final de la Copa del Rey (Se explicará largo y tendido el posicionamiento en buscadores más adelante).

Con esa combinación todo aquel que entraba en esta sección de la página web era porque estaba buscando información relativa a dónde conseguir este producto en concreto, y al entrar en el sitio recibía información relevante respecto a las entradas acompañando al final del reportaje, de forma bien visible, un banner de acceso a la web donde realmente podría comprar las entradas y en el que por cada compra recibí una jugosa comisión.

Ilustración 18: Sección de venta de entradas de la final de copa del Rey 2011 en donde-comprar.ws

Como podemos ver en la ilustración 18 el artículo es muy simple, y viene precedido de otros dos artículos similares que refuerzan la información que proporciono en este. Aquí indico que quedan pocas entradas para el evento, cosa que es totalmente cierta, y a continuación proporciono la herramienta necesaria para que los visitantes de la web puedan comprar las entradas.

A diferencia del primer ejemplo, en este segundo ejemplo preparo un reportaje del producto en concreto. Esto puede limitar ligeramente las posibilidades de venta si dejo de tener el producto a mi disposición, o de si este es perecedero como en este caso. Aún así, si no disponemos de la posibilidad de ofrecer el producto siempre podemos sustituir el banner de venta por otro de publicidad de pago por clic (veremos la publicidad de pago por clic un poco más adelante) y seguir así ganando dinero con estos contenidos.

Cómo elegir el tipo de página web más eficaz fuera de la tienda online

Para elegir entre una comparativa y un portal temático hay un dato a tener en cuenta que es el más importante de todos. El volumen de productos que tenemos a nuestra disposición.

Si solo tenemos la oportunidad de ofrecer un producto de cada categoría es imposible realizar una comparativa con otros y conseguir beneficios, porque puede que quien visite nuestra página se decante por los productos que no vendemos nosotros.

Supongamos el ejemplo de las entradas a la final de la Copa del Rey, o una web de descargas, o de videos de adultos. En ese tipo de casos no es posible ofrecer una comparación, ya que no tenemos material suficiente para comparar en la mayoría de los casos. En esos casos usaremos portales temáticos para vender que podemos reforzar por medio de alguna sección en la que incluir la comparativa.

Por ejemplo, en un portal de descargas podemos obtener comisión cada vez que un usuario se descargue diferentes tipos de programa de descarga p2p o descarga directa. En ese caso podemos crear una web con artículos que nos hablen de cada uno de esos programas, cómo usarlos, los mejores trucos, las características de su última actualización, y además añadir otra sección con una pequeña comparativa que nos muestre cual es mejor en cada aspecto de cada uno de ellos, manejabilidad, velocidad de descarga etc. de esa manera manejaríamos las dos formas de venta desde un solo portal.

Realizaremos una comparativa pura y dura en un portal en el que tengamos una gran cantidad de productos que formen parte de un mismo nicho de mercado. Por ejemplo, con un portal dedicado al mundo de la fotografía, sólo comparando precios de diferentes modelos de cámara réflex ya tendríamos suficiente material para crear una comparativa, sin contar con las cámaras profesionales, objetivos, trípodes, tarjetas de memoria, filtros, fundas y muchos otros productos relacionados.

En un portal de afiliados de cualquier grupo o categoría de tiendas online de este tipo podemos ofrecer una comparativa por cada tipo de producto (una comparativa de cámaras, una de objetivos, una de productos de revelado...), además sin la necesidad de preparar reportajes producto a producto y aún así obtener un portal muy extenso a la vez que especializado.

También podemos añadirle contenido anexando una sección de noticias, actualidad o reportajes que ayude a captar a los visitantes relacionados con esta temática, pero en este caso **el elemento de promoción principal que nos aportará mayor cantidad de ventas serán las comparativas de los productos.**

Si se dispone de tiempo y recursos a largo plazo se puede llegar a contar con un portal que combine los dos elementos. Este tipo de portales bien gestionados suelen terminar siendo una referencia dentro de su campo y consiguen márgenes de beneficios altísimos, ya que terminan consiguiendo atraer a gran parte del tráfico relacionado en todos los campos de su categoría.

Para conseguir un portal de referencia hay que dedicar muchas horas y recursos, pero tiene su recompensa.

Conocimientos de programación y diseño web

Creando una portal de referencia

Si poseemos conocimientos de programación y diseño web bastante avanzados podemos crear un portal de referencia muy potente. No solo podremos crear tiendas online, portales de referencia o comparativas, sino que al tener un control total de los elementos internos de nuestra página web podremos programar respuestas a eventos, captar clientes con mayor eficacia, vender nuestros propios servicios y miles de cosas que se nos ocurran.

Si sabemos diseñar y programar, sobre todo en PHP, existen tantas cosas que podamos hacer que también corremos el riesgo de dispersar nuestros esfuerzos en exceso y terminar no haciendo nada que genere beneficios, así que al igual que se ha comentado al principio de este documento, **es ideal empezar un proyecto y trabajar con él hasta que sea productivo antes de cambiar a otro.**

Una gran ventaja que tenemos si sabemos diseñar y programar es que podemos editar a nuestro gusto cualquier tema en entornos de gestión de contenidos como Wordpress, Joomla, Drupal y Oscommerce.

También estamos en ventaja al posicionar nuestra página web y de preparar páginas de aterrizaje (veremos todo esto pronto) que nos resulten efectivas generando las respuestas deseadas en cada momento. También podremos analizar con mayor precisión el comportamiento de los visitantes de nuestro portal, generar aplicaciones útiles para nuestros usuarios y todo cuanto se nos ocurra.

Los primeros pasos para crear un portal de referencia (La identidad del portal)

A no ser que seamos unos *coleguitas* de la caridad, creamos portales en internet para ganar dinero u obtener algún tipo de beneficio. E incluso cuando no es así, si creamos un portal dedicado a ofrecer un contenido de calidad a nuestros usuarios, este al cabo de un tiempo acabará generando beneficios.

De todas formas vamos a partir de la premisa de que queremos montar una página web para ganar dinero, sino no habríamos comprado esta guía, y crear un portal de referencia suele ser uno de los métodos más ambiciosos en este campo.

Un portal de referencia es una página web que es considerada por sus usuarios como una fuente de información, servicios o productos fiable y actualizada dentro de una temática concreta. Normalmente un portal de referencia es consultado y conocido por sus usuarios de forma regular y se relaciona su nombre directamente con el campo del que aporta contenido.

Por ejemplo, en España podríamos relacionar infojobs.net como una web de referencia en el campo de la búsqueda de trabajo, pues esta aporta información relevante y actualizada en la búsqueda de empleo de forma constante, muchos usuarios de internet suelen buscar directamente infojobs.net cuando están buscando trabajo o información relacionada con el sector del empleo.

Otro ejemplo claro de portal de referencia lo podemos encontrar en el sector inmobiliario, una de las empresas pioneras en oferta y demanda de vivienda en internet en España ha sido fotocasa.es, que con el tiempo ha ido creciendo y hoy en día es un referente informativo dentro de su sector. Podemos seguir en una gran cantidad de temáticas y en casi todas ellas encontramos páginas web de referencia.

También hay que tener en cuenta que a excepción de las páginas web especializadas en noticias como podría ser el caso de marca.com (portal de noticias deportivas) o mercados online de productos como podría ser amazon.es en la gran mayoría de portales de referencia se ofrece algún tipo de servicio a sus usuarios, estos pueden recibir alertas cuando aparece una oferta de empleo, o de alquiler de viviendas con una características o introducir los datos de su coche, o casa para poder ponerlos a la venta, incluso podemos encontrar portales en los que los usuarios pueden insertar sus propias recetas de cocina como en euroresidentes.com o hasta sus propios pronósticos deportivos como en aprovechaos.com. **En estos portales de referencia el usuario puede interactuar con otros usuarios del portal y con los servicios del mismo y obtener un servicio o incluso un beneficio a cambio,** e incluso últimamente en las páginas web de noticias podemos encontrar la opción de comentar las noticias en muchos casos.

Por lo tanto **para crear una página web de referencia tendremos que aportar contenido de valor que atraiga la atención del público**, o bien un servicio que resulte útil para los usuarios y mantenga el interés de estos. Además deberemos dejar siempre la opción de que el usuario interactúe con los servicios que aportemos, el usuario debe sentirse parte de este proyecto, o bien ser cliente, o vendedor, o comentarista.

Cómo elegir la temática de mi página web de referencia

Planificar una página web de referencia no es nada fácil. En primer lugar porque no somos expertos en todas las materias, y en segundo porque en muchos campos ya existe uno o varios portales de referencia y no podemos crear un referente a partir de copiar otro, o tal vez sí.

Está claro **que no podemos copiar directamente una web de referencia y esperar acaparar el sector en el que ya es referencia ese portal**. En primer lugar porque ya existe uno o varios sitios de referencia en esa categoría, y en segundo, porque copiando información de portales que ya existen no aportamos nada nuevo a nuestros posibles visitantes, con lo que encontrarán nuestro sitio aburrido y repetitivo. **Solo podemos copiar el concepto de una web de referencia en dos casos.**

Cuándo imitar un portal de referencia

Caso 1: Cuando podemos aportar mejor calidad informativa o contenido, novedades o productos que el resto de portales de referencia: Si nuestra información es relevante y somos los primeros en publicar las noticias referentes a determinado campo antes que los demás, o nuestras noticias cuentan con el apoyo de determinado sector de expertos, o incluimos formas de dar la noticia que otros no tienen como videos en 3d, alertas especiales para móvil o cualquier tipo de elemento que queramos insertar que sea novedoso en su campo, entonces estaremos creando un portal de referencia.

Ejemplos prácticos de mejora de portales de referencia

Ejemplo 1: Supongamos que queremos ser un referente en la información bursátil. Existen varios portales de referencia a nivel nacional como son bolsa.es, bolsamadrid.es, o finanzas.com. Estos portales ofrecen la información de cotizaciones en tiempo real, noticias referentes a la bolsa e información y análisis relevantes del mercado de valores. Si nosotros queremos crear un portal de referencia en el mundo de la bolsa, deberemos ofrecer todo lo que ofrecen estos portales y algo más que nos permita superarlos y convertirnos en un referente por encima de ellos. Podríamos por ejemplo ofrecer aplicaciones en tiempo real para móvil que lancen alertas cuando cambia determinada cotización en cada uno de los mercados en los que esté cotizando en ese momento y permitan al cliente operar online desde su propio portal.

En este caso seriamos un referente concreto al aportar una aplicación novedosa en un campo bastante competitivo que facilitaría que nuestro portal sirviera no solo para usar esta aplicación, sino toda la información que ella conlleva, cotizaciones en tiempo real, noticias referentes a la bolsa etc.

Ejemplo 2: Supongamos que queremos ser un referente en la información sobre dietas, fitness y nutrición. En este caso también existen decenas de páginas web como sportlife.es, euroresidentes.com, dietas.com etc. Estas ya son muy conocidas por el público y conseguir arrebatarles protagonismo puede ser una tarea titánica. Para conseguir ser un referente en este campo habría que ofrecer tanta información como ellos ofrecen bien en cuanto a volumen, bien en calidad informativa y además ofrecer algo más.

En este caso la web gordos.com fue de las primeras en ofrecer foros en los que participan cientos de personas con problemas reales y soluciones también reales sobre dietas y sobrepeso, llevando de esta forma la temática a pasar a ser solo algo más que una gran web de consulta, ya que permiten a los usuarios participar y aportar datos originales desde sus propias experiencias. Además ampliaron el portal en poco tiempo, creando una cantidad de secciones que aportaban mucho más al usuario que las anteriores, quedándose esta ahora como portal de referencia mucho más conocido que otros con más tiempo en el sector.

Caso 2: Cuando copiamos algo que ya funciona en un determinado mercado y lo llevamos a otro en el que no existe: Puede darse el caso de que un portal que esté ganando dinero a manos llenas en Francia, reino Unido o Alemania ofreciendo determinado servicio o producto, todavía no esté instaurado en España, o en Portugal, o en Venezuela. Gracias a eso podemos tener un mercado rentable totalmente por explotar a nuestra disposición.

Para conseguir copiar este portal de referencia solo lo hay que estudiar la web y el modelo de negocio en todos sus aspectos y ver qué podemos mejorar:

- Saber qué ofrece.
- Cómo capta a sus clientes.
- Cómo interactúan sus clientes con el portal.
- Saber si existe algún portal que ofrece lo mismo en ese mercado.

Existen cientos de negocios que todavía no se han extendido en otros países y que en Europa, Japón o USA están ya sobreexplotados con lo que la competencia dentro de esos mercados es muy grande pero tienen las puertas abiertas a otros países.

Cuando algo funciona no se cambia, simplemente se adapta a las necesidades de su propio mercado para hacerlo productivo. Cualquier portal que por ejemplo, en España esté dando dinero, es susceptible de ser clonado para otros países en los que no existen sus servicios. Veamos un ejemplo.

Ejemplos prácticos de portales de referencia importados

Este ejemplo es real: Un buen conocido cuyo nombre y portal voy a omitir tuvo el sentido común de ver que en España fotocasa.com empezaba a ser una página muy rentable. La primera pregunta que se hizo fue la siguiente. **¿Esto se hace en otros países?**

Después de estudiar los diferentes mercados de compraventa de vivienda, vio que en algunos de los países sudamericanos de habla española con buenas perspectivas de desarrollo no existía este servicio y que podía ser necesario. Así que creó un portal que ofreciera estos servicios para uno de estos países en concreto. Os aseguro que le ha sido bastante lucrativo, y además le sienta una base para poder llevar este mismo servicio al resto de países de habla española o traducirlo a otros idiomas.

Ejemplos de portales de referencia originales

Podemos ver otro ejemplo bastante actual de cómo se desarrolla una página web de referencia. Esta oportunidad empieza a surgir a partir de una necesidad concreta. Las empresas de reparto de comida a domicilio empiezan a buscar cómo obtener nuevos campos de promoción. A consecuencia de eso ya han empezado a aparecer buscadores temáticos de locales de reparto de comida a domicilio y de encargo de comida, en los que cualquier local puede darse de alta e introducir su carta de platos para que los usuarios puedan realizar sus pedidos online.

Como podemos ver el portal sindelantal.com, **este proyecto cumple los requisitos necesarios para convertirse en un portal de referencia**. En primer lugar ofrece una herramienta útil a los usuarios de restaurantes que pueden promocionar su negocio y recibir sus pedidos a través de internet sin la necesidad de invertir en un portal propio que les elevaría los costes de promoción considerablemente.

De cara a los usuarios, lo bueno de SinDelantal.com frente a empresas de comida a domicilio que operan por teléfono, es que no se incrementan los costes a la hora de realizar los pedidos, además ofrece herramientas como un buscador de locales de reparto de comida y reservas entre otras herramientas.

Además, este negocio ha sido el primero en llegar a este sector en concreto y tiene la oportunidad de ofrecer variedad, acceso a ofertas exclusivas, descuentos y atención personalizada al cliente así como mayor volumen de información que el resto de páginas que lleguen después.

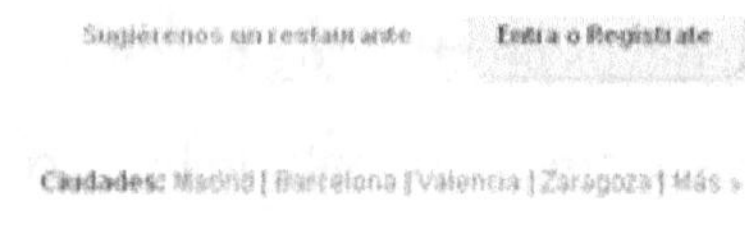

Ilustración 19: Portada de sindelantal.com

Hoy en día existen decenas de portales de servicios que empiezan a ser muy útiles y muy usados pero que no existen en otros países o que todavía se están empezando a instaurar en nuestro país y son un éxito en otros.

Cómo crear un portal de referencia original

Crear un portal de referencia original no es fácil, pero tampoco imposible. Todo proyecto que cubra una necesidad o beneficie a un colectivo concreto tiene grandes posibilidades de terminar en éxito. Tan solo tenemos que mirar alrededor y podremos ver necesidades que se pueden cubrir a través de la red.

El ejemplo anterior de la web sindelantal.com es un claro ejemplo que ha crecido con tan solo unos meses en línea desde que escribo este artículo y como este proyecto podemos aplicar esta utilidad a decenas de campos.

Una fuente enorme de datos sobre las necesidades online de promoción y búsqueda la podemos ver en redes sociales como Twitter, Tuenti y otras redes sociales de mensajes directos. En ellas encontraremos a cientos de empresas y usuarios que intentan promocionarse. Aquí podemos ver videntes, pronosticadores deportivos, masajistas, empresas de catering, hasta animadores sociales para fiestas de niños y mayores (magos, payasos etc.) gente que intenta promocionar las maquetas de sus grupos, escritores noveles con sus novelas, aspirantes a periodista que buscan practicar con sus noticias, artistas que quieren vender sus obras y cientos más.

Si estos grupos intentan promocionarse a través de estas redes es porque no tiene una herramienta especializada que les permita hacerlo. Crear una herramienta que permita a determinado gremio promocionarse y al mismo tiempo a los usuarios interesados en el tema que ofrecemos poder encontrar la mayor variedad posible de oferta donde elegir hará que a medio plazo tengamos una web de referencia.

Ejemplo de proyecto de portal de referencia original

Un ejemplo claro lo podemos encontrar en este proyecto que se inició hace unas semanas. En Twitter o Facebook existen cientos de pronosticadores deportivos que intentan llevar a los usuarios a su blog de pronósticos deportivos desde el que ganan dinero a través de su enlace de afiliado a las casas de apuestas deportivas, o incluso publican directamente el enlace de afiliado en la red social (veremos pronto como funciona un enlace de afiliado).

Pero realmente no tienen un portal especializado en pronósticos deportivos en el cual puedan incluir sus enlaces de afiliado y ganar dinero a la vez que los usuarios puedan elegir entre diversos pronosticadores.

A su vez existen muy pocos portales especializados en pronósticos deportivos con pronosticadores neutrales y ninguno con pronósticos valorados correctamente en función al valor de cuota de las apuestas y los aciertos y errores de una manera matemática exacta.

Así que después de investigar cómo evaluar los aciertos y fallos correctamente y de forma neutral, se ha creado un portal de pronósticos deportivos en el que cada usuario que agregue sus propios pronósticos deportivos pueda ganar dinero con los apostantes y al mismo tiempo el portal permite que cualquiera que busque pronósticos deportivos eficaces encuentre a los mejores pronosticadores evaluados de forma neutral y objetiva. Además, los pronósticos son evaluados de manera que si un pronosticador es bueno aparecerá siempre por encima del resto, dándole la posibilidad de promocionarse en base a sus resultados.

Podemos ver esto en el portal aprovechaos.com, ilustración 20. Este ejemplo que todavía está en versión Beta y se espera que pronto sea una web de referencia en el tema de pronósticos deportivos.

Pero también podríamos poner un portal donde los videntes que no pueden permitirse una página web propia tengan su propio espacio en el que captar sus clientes. O un portal especializado en trabajadores que ofrecen servicios de un día, como cuidadores de niños por horas, camareros de eventos, animadores sociales, masajistas, repostería a domicilio, reparaciones y muchos más, portales de arte donde los artistas puedan exponer sus creaciones de continuo y cientos de escaparates más creados para cubrir todas esas necesidades.

Sea como sea, el proceso de creación de un espacio web de referencia es largo y laborioso, pero cuando empieza a dar sus frutos es altamente lucrativo.

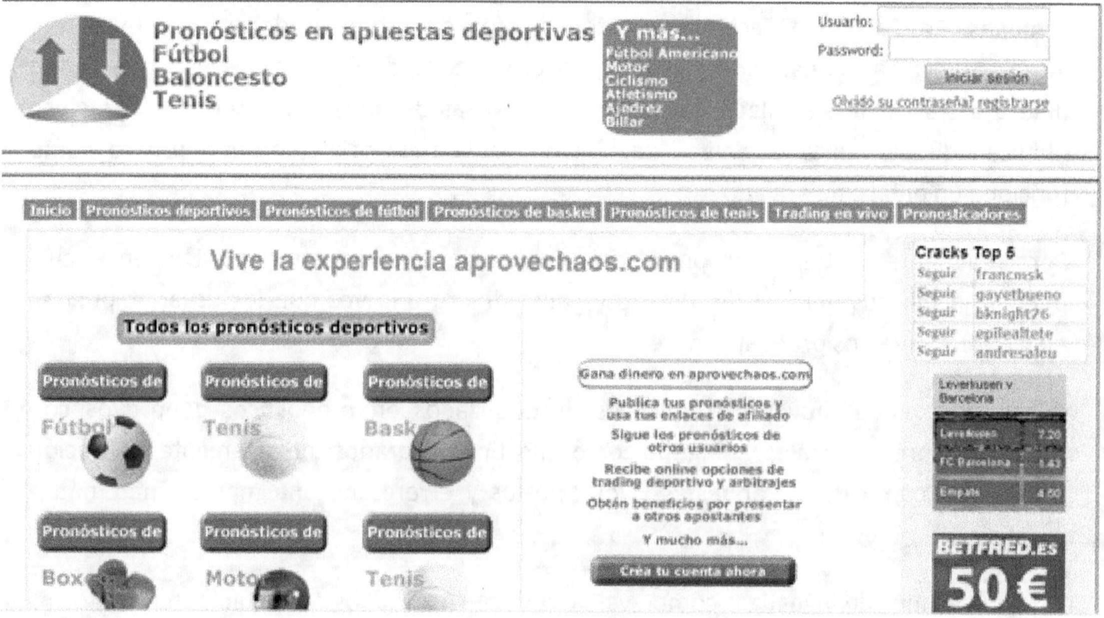

Ilustración 20 Portada de aprovechaos.com

Cómo rentabilizar nuestro proyecto web

Venta de productos propios y de mayoristas (tienda online)

Como ya hemos visto con anterioridad, si tenemos una tienda física, o podemos acceder a un servicio mayorista con buenos precios, podemos crearnos nuestra propia tienda online con esos productos y promocionarlos a través de la red.

El sistema es bien simple. Tenemos nuestros propios productos que ofrecemos a través de una tienda online, el usuario entra y si le interesa nuestro producto lo compra. Hemos visto ejemplos bastante ilustrativos en la sección "Creando tiendas online" de este mismo documento y no es necesario ahondar más en el tema.

Venta o distribución de servicios exclusivos (Portal de referencia)

Otra forma de ganar dinero con una página web es por medio de la venta o distribución de servicios exclusivos. Para llevar a cabo este sistema de forma efectiva hay que proporcionar a nuestros usuarios **algún servicio que les pueda ser de gran utilidad y por el que nuestros clientes estén dispuestos a pagar.**

Hay que tener en cuenta que se paga por muchos servicios a través de la red, así que hay que ser una referencia para nuestros clientes con nuestro producto o servicio para que sea a nosotros a quien nos lo soliciten en lugar de a nuestra competencia.

Un ejemplo de este tipo de servicios podrían ser los portales que ofertan servicio de anuncios dentro de su propio espacio como podría ser la red de Adwords de google.es o Yahoo Search de yahoo.es en los cuales el cliente paga por anunciarse en los espacios patrocinados de los buscadores de estas empresas en determinados resultados de búsqueda y en determinadas zonas geográficas por un coste establecido para cada clic o para cada impresión de dicho anuncio.

Otros portales de anuncios como podrían ser los portales de anuncios clasificados para adultos suelen ser también portales de referencia en los que los clientes pagan por anunciarse en ellos, aunque en este caso suele ser un coste por determinado espacio de tiempo.

Servicios de pago como complemento de servicios gratuitos

Otros portales ofrecen una cierta cantidad de servicios gratuitos que cubren gran parte de las necesidades de sus usuarios, **pero mantienen condiciones de pago a una serie de servicios con mayores privilegios para aquellos usuarios que quieran pagarlos**.

Uno de los ejemplos más claros podrían ser las páginas de contactos, en las que cualquier usuario puede colocar su perfil y recibir alertas de coincidencias con otros usuarios, entrar en chats etc. Pero cuando quiere contactar con ciertos miembros, o acceder a sus fotos, contactar con ellos u otros privilegios debe ascender su nivel de usuario normal a usuario de pago. Uno de los ejemplos más claro lo encontramos en adultfriendfinder.com con más de 40 millones de usuarios gratuitos.

Otro ejemplo claro de servicios gratuitos limitados podría ser el portal de descargas filesonic.com que ofrece a sus usuarios por medio de una cuenta gratuita la posibilidad de descargar archivos gratis siempre y cuando el tamaño de dichos archivos no supere 1Gb de espacio en disco, y condicionando el acceso a aquellos archivos de mayor tamaño a los usuarios a estar registrados como usuarios de pago.

Ilustración 21 Portada de travian.net

Uno de los servicios de pago más exitoso es el que ofrecen los portales de juegos como los juegos de Facebook o el portal travian.net, uno de portales de videojuegos de estrategia online más exitoso de la red. En ellos ofrecen a los jugadores la posibilidad de acceder al juego de manera gratuita y poder comprar libremente recursos del juego con los que poder superar a sus competidores.

Como podemos ver en la ilustración 21 los usuarios tienen la posibilidad de acceder gratis al juego, a partir de ahí le dan suficiente atractivo como para que un porcentaje de esos jugadores gasten dinero en recursos virtuales para alterar el desarrollo del juego en su favor.

Los servicios de pago con más éxito son los siguientes:

- Servicios publicitarios
- Servicios eróticos y de chat
- Servicios de contactos
- Aplicaciones para móvil
- Venta de elementos de ocio, habilidades y mejoras para el desarrollo de juegos.
- Servicios de descarga Premium
- Servicios de almacenamiento (servidores de alojamiento de páginas web, requiere de la instalación de un servidor propio entre otros)
- Servicios de publicación, valoración y escaparate
- Servicios comisionistas o de intermediarios
- Otros (antivirus, tratamientos de imagen, servicios a móvil, video tutoriales)

Actualmente está empezando a destacar con fuerza la descarga de aplicaciones que llevan todos estos servicios al teléfono móvil, con lo es más que interesante cubrir ese mercado también cuando creamos un portal con servicios de cobro.

Venta de productos de terceros (Plataformas de afiliados)

Es posible que tengamos la opción de vender los productos de un amigo, conocido, o para alguna empresa que contrate nuestros servicios, en este tipo de negocio la empresa suele hacerse su propia tienda online y finalmente venden ellos mismos sus propios productos, por lo que no es una opción muy atractiva a largo plazo.

Qué es una plataforma de afiliados

En cambio, sí que hay cientos de empresas incluso miles a las que podemos acceder en un breve periodo de tiempo, que intentan vender sus productos en la red y que no tienen problema en venderlos por medio de terceros, por lo que nos dan la oportunidad de generar beneficios a cambio de las comisiones generadas por sus ventas. Estas son las empresas que conocemos como anunciantes.

A su vez, existen miles de portales temáticos que no tienen métodos efectivos con los que obtener un rendimiento al tráfico de su página web. A estos portales los conoceremos de ahora en adelante como afiliados.

La plataforma de afiliados es aquella que sirve de intermediaria entre los afiliados y los anunciantes. Estas aportan a los anunciantes una red de páginas web de afiliados en las que promocionar sus productos. A su vez aportan a las páginas de afiliados una serie de productos que promocionar desde su página web a cambio de un beneficio.

Las plataformas de afiliados proporcionan también las herramientas necesarias para la promoción de dichos productos (banners publicitarios, enlaces que permitan identificar la procedencia de una venta, moldes para email-marketing, motores de búsqueda etc.)

Además las **plataformas de afiliados ponen también los recursos necesarios para garantizar los pagos por parte de los anunciantes** y por lo tanto los cobros por parte de los afiliados.

Cómo funciona una plataforma de afiliados

Si eres un anunciante que quiere vender sus productos a través de la red deberás contactar con la plataforma de afiliados y seguir los siguientes pasos:

1. Presentar los productos o servicios que quieres vender y la página web desde la que quieres hacerlo. Los editores de la plataforma de afiliados evaluarán si tu página y los productos que contiene cumplen con sus directrices de calidad y aprobarán la inclusión de tu portal en la plataforma o lo rechazarán.
2. El siguiente paso es pagar el mínimo exigido para entrar a formar parte de la red de anunciantes de la plataforma de afiliados, suele oscilar entre 500€ y 2000€ dependiendo de la empresa.
3. Elegir el tipo de herramientas con las que te quieres promocionar. (banners publicitarios, enlaces que permitan identificar la procedencia de una venta, moldes para email-marketing, motores de búsqueda etc.)
4. Elegir el tipo de pago que quieres ofrecer a los afiliados a cambio de los resultados de su publicidad (pago por clic, registro, comisión por venta) veremos cada uno más adelante.
5. Elegir las políticas de keyword marketing que pueden seguir los afiliados al publicitar tus anuncios. Es decir, si pueden comprar anuncios de palabras por clic en motores de búsqueda o no para promocionar los sitos desde los que promocionan tus productos.
6. Si pueden promocionar tus productos todos aquellos que quieran o tienes que supervisar primero las páginas web desde las que te anunciarán
7. Una vez realizadas estas operaciones tu página web como anunciante aparecerá dentro de la plataforma de afiliados y desde la misma se encargarán de

comunicarlo a los afiliados, bien en su portada de nuevos anunciantes, bien vía correo tal y como podemos ver en la siguiente ilustración 22.

Adjal	Recibidos	Nueva campaña en Adjal: enmisofa.com - ... equipo de Marketinc
Adjal	Recibidos	Nueva campaña en Adjal: VIP Ocean - Tarjeta Regalo Carrefou
Adjal	Recibidos	Nuevas creatividades de "Carnet de conducir" en Adjal - ... equ
Adjal	Recibidos	Nueva campaña en Adjal: AXE [EMAIL SUBMIT] - ... equipo de M
Adjal	Recibidos	Nuevas Promociones en Dindo MX en Adjal - ... equipo de Marke
Adjal	Recibidos	Nueva campaña Agrupáte AR INCENT - ... equipo de Marketing A
Adjal	Recibidos	Nueva campaña en Adjal: Banco Popular Depósito Gasol - ... e
Adjal	Recibidos	Nuevas Promociones en Dada España en Adjal - ... equipo de M
Adjal	Recibidos	Nuevas Promociones en Spartoo CPL en Adjal - ... equipo de Ma

Ilustración 22 Avisos de nuevas campañas y anunciantes por parte de la plataforma de afiliados Adjal a mi bandeja de correo

A partir de este proceso los afiliados empezarán a solicitar promocionar tus campañas y vender tus productos.

Si eres un afiliado que quiere promocionar productos desde su página web el proceso suele ser mucho más sencillo. Tienes que darte de alta como afiliado siguiendo los pasos explicados en cada plataforma y a continuación seguir los siguientes pasos.

1. Dar de alta la página o páginas web desde las que quieras promocionar productos de esta plataforma de afiliados.
2. Elegir los anunciantes que mejor se adapten a nuestras páginas web.
3. Solicitar el alta en cada uno de los programas que queramos promocionar.
4. Esperar a que nos acepten si no son de aceptación directa.
5. En cuanto estemos aprobados en algún programa de los que hayamos solicitado incluir los códigos de promoción que nos facilita el programa de afiliados dentro de nuestra página web y empezar a vender.

Ilustración 23 Presentación de un banner de afiliado desde descargar-actualizacion.com

En la ilustración 23 presentamos enmarcado en un círculo un banner de afiliado desde la web de descargas con licencia Freeware descargar-actualizacion.com.

Cuanto alguien entra en la página web anunciada en este banner y realiza una descarga de este producto en concreto el afiliado que ha enviado la visita percibe un beneficio de 5 Euros.

Cómo insertar un banner de afiliado

Para insertar un enlace de afiliado la mayoría de plataformas de afiliados tienen una sección llamada herramientas de promoción, material de marketing, gestión de creatividades, obtener códigos o cualquier otro nombre parecido.

En esta sección podremos elegir la campaña que queremos promocionar cada vez y encontraremos la opción para acceder a un listado de códigos de promoción de la misma en diferentes formatos y mensajes.

Como podemos ver a continuación en la ilustración 24, el menú interno de una plataforma de afiliados es muy intuitivo y sencillo de usar. Simplemente hay que seguir los pasos aquí marcados.

1. Pulsar sobre la sección banners publicitarios o herramientas de publicidad.
2. Abrir el desplegable que muestra todas las campañas publicitarias (anunciantes) disponibles.
3. Elegir el formato de anuncio que mejor se adapte a nuestro portal de entre los disponibles.

4. Elegir el diseño de anuncio que mejor se adapte a nuestro portal de entre los disponibles.
5. Copiar y pegar el código fuente de la caja de texto a nuestra página web en el espacio en el que queremos que aparezca.

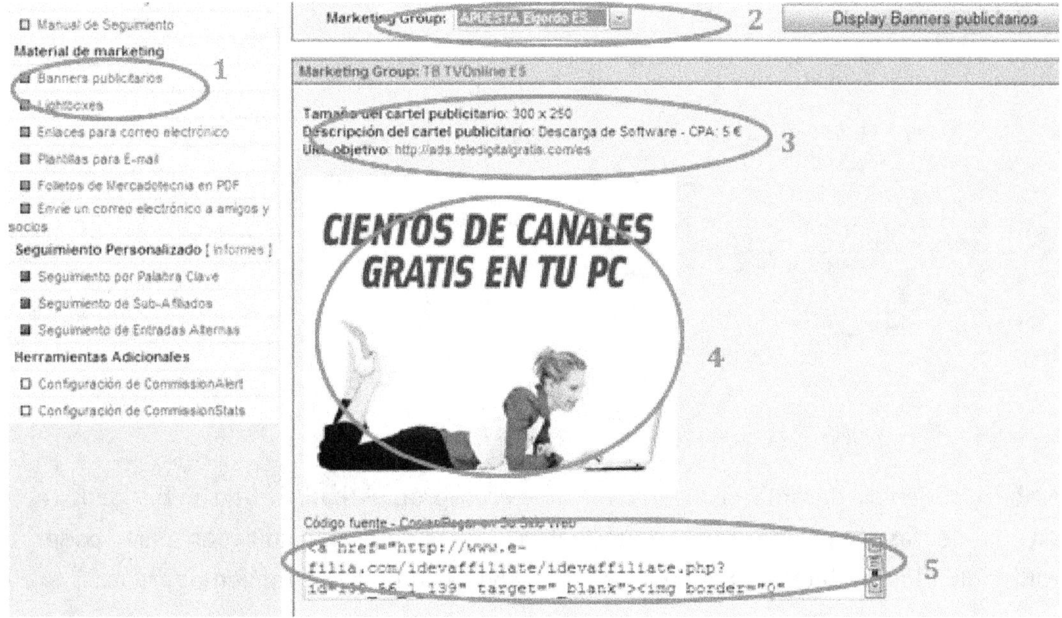

Ilustración 24 Acceso a códigos de promoción de una plataforma de afiliados

El código fuente que nos suelen proporcionar suele contener los siguientes elementos:

- Url a la que nos dirige con nuestra id de usuario y desde la que nos dirigirá a la página de aterrizaje del anunciante.
- Enlace a la imagen del banner que también dispone de su propio código con el que cuenta las veces que se muestra este elemento en nuestra página web.

En este caso (ilustración 25) podemos ver como la empresa tradedoubler.com se decanta por cargar un documento desde una aplicación hecha en java script.

Desde ese documento controlan todas las asignaciones de venta de nuestra web hacia la web del anunciante, así como el número de visitas, impresiones dentro de nuestro portal y otros datos de valor.

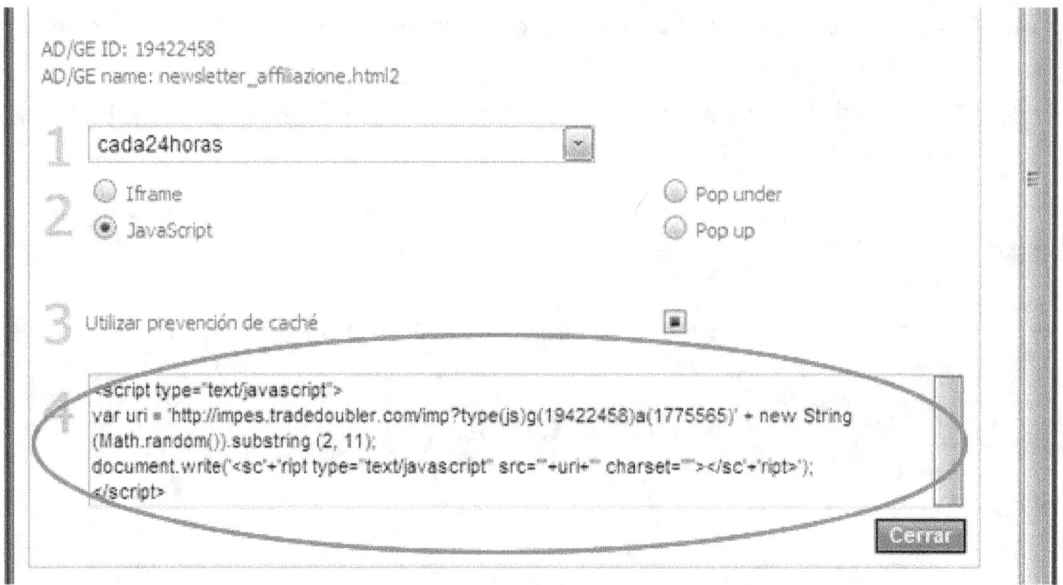

Ilustración 25 herramienta de inclusión de banners publicitarios de tradedoubler

También podemos decantarnos por crear nuestros propios banners de publicidad. La mayoría de las empresas aportan un enlace de texto a los afiliados para poder promocionar los productos también con texto o con sus propias herramientas gráficas.

Tan solo debemos enlazar con ese código el elemento publicitario que deseemos hacia las empresas anunciantes y así tener nuestra herramienta de promoción personalizada.

Ilustración 26 Banners personalizados de comprar-regalos.net

Como podemos ver en la ilustración 26, los banners enmarcados por un círculo están hechos a medida de la página que los contiene y no son proporcionados por la plataforma de afiliados. Una vez creados solo tenemos que cambiar el enlace de promoción a las páginas en las que estamos afiliados y ya tenemos nuestro propio enlace de afiliado personalizado.

Elegir el modelo de pago dentro de la plataforma de afiliados

Cada anunciante ofrece un pago de beneficios en relación a una u otra acción realizada por los visitantes enviados a su portal. Podemos elegir entre diferentes modelos de pago o generación de beneficios a la hora de buscar programas de filiados que promocionar desde nuestra página web. Dependiendo de la estructura de nuestra web, su contenido y su índice de tráfico podremos elegir entre uno y otro con el que obtener una mejor rentabilidad, a continuación podemos ver los más usados.

Pago por clic o visitante único: Es cuando un anunciante paga una cantidad concreta por cada clic hecho en su publicidad. Esta se suele contar en base a cada visitante único diario y suelen ofrecerla portales que quieren atraer gran cantidad de tráfico o que son muy efectivos en sus ventas. La empresa líder en anuncios de pago por clic actualmente es Adsense de Google que trataremos en profundidad más adelante, aunque algunos anunciantes lanzan campañas muy interesantes de pago por clic.

Pago por registro: Este modo de pago es ideal para empresas que quieren captar clientes duraderos, cada vez que un usuario accede a través de tu enlace de afiliado a la web del anunciante y se da de alta en alguno de sus servicios obtienes una comisión determinada. Un ejemplo podría ser Buy-vip que actualmente ofrece hasta 2 Euros por usuario registrado a través de los enlaces de afiliado de la plataforma tradedoubler.com.

Pago por venta: Esta forma de pago es la más utilizada por la mayoría de empresas que venden por internet. El anunciante suele proponer un porcentaje del precio del producto por cada venta realizada o una cantidad fija. Por ejemplo dvdgo.com ofrece un 5% del importe de cada venta realizada a través de los enlaces de afiliado de la plataforma tradedoubler.com

Pagos mixtos: Pago por clic + registro y pago por clic+ venta. Estos modos de pago se dan en pocas ocasiones. Suelen darlos anunciantes que están en sectores cuya competencia es muy grande y quieren incentivar a los afiliados a ofrecer sus productos con el reclamo del pago por clic. En este modo de pago el afiliado acumula beneficios por cada visitante único que envía a la web del anunciante y además acumula beneficios por cada venta o por cada registro que estas visitas generen.

Cómo elegir la campaña de anunciantes más rentable

Si tenemos la opción de promocionar a diferentes anunciantes hay que elegir siempre al más rentable. La campaña de anuncios más rentable no es aquella que mejores condiciones da, sino aquella que más beneficios nos permita obtener en las mismas condiciones.

Existen diferentes factores a la hora de determinar el rendimiento de una campaña, pero el más eficaz es calcular el RMP (remuneración por cada mil impresiones) de cada una de esas campañas.

Por ejemplo, probamos una campaña de un anunciante durante diez días y obtenemos que el anuncio obtiene 53.213 impresiones que nos reportan 63.07€ de beneficios. Esto nos dice que cada 1000 impresiones de ese anuncio obtenemos unos beneficios de 1,19€.

A continuación sustituimos los anuncios por los de otra campaña otros diez días en el mismo espacio de nuestra web y con el mismo formato. Esta muestra el anuncio 61.789 veces y nos reporta 65.15€ de beneficios. El beneficio obtenido es mayor, pero en cambio el RPM es menor, ya que nos da 1.05€ cada 1000 impresiones. De haber tenido la campaña con RPM de 1.19 podríamos haber obtenido hasta 73,53€.

Esto nos indica que es más rentable la primera campaña que la segunda. Si las diferencias son muy ajustadas pueden darse factores como que hemos probado una campaña en fin de mes y la otra cuando los posibles clientes tienen mayor cantidad de efectivo para realizar compras, o que no coincide con la época exacta de promoción del producto, por ejemplo no se puede medir una campaña de dietas en Navidad frente a otra a principios de Enero. Todos estos factores pueden afectar a la valoración real de una campaña.

Para calcular los beneficios por medio del RPM necesitamos experimentar con diferentes campañas durante determinado periodo de tiempo, personalmente suelo probar con un intervalo entre quince días y un mes para cada campaña antes de desechar a una a favor de otra. Un RPM puede considerarse aceptable a partir de 1,80€ cada mil impresiones.

Producto	Páginas vistas	Clics	CTR pág.	CPC	RPM pág.	Ingresos estimados ↓
AdSense para contenido	53.213	813	1,53%	0,08 €	1,19 €	63,07 €
AdSense para búsqueda	771	39	5,06%	0,10 €	5,07 €	3,91 €
Promedios	26.992	426	—	—	—	33,49 €
Totales	53.984	852	1,58%	0,08 €	1,24 €	66,98 €

Ilustración 27 Muestra del RPM en una de las cuentas AdSense de Google

Tipos de negocios de afiliados

Podemos encontrar en las plataformas de afiliados una gran cantidad de productos para ofrecer. Pero además de las plataformas de afiliados existen otra gran cantidad de portales especializados que tienen su propia red de afiliados para vender exclusivamente su producto. A continuación detallo los campos en los que podemos encontrar productos que ofertar a través de plataformas de afiliados en la actualidad:

- Venta de electrónica, ropa, menaje del hogar, productos deportivos, ocio en general, artículos de lujo, alimentación, preservativos, flores y todo lo que podamos imaginar.
- Viajes y hoteles.
- Créditos y Seguros.
- Clínicas de adelgazamiento y estética.
- Casinos y casas de apuestas virtuales
- Contenido adulto de todo tipo. Descargas de videos, chats en vivo, canales eróticos, juguetes sexuales.
- Portales de descargas de todo tipo de software para ordenador y sobre todo para móvil. Antivirus, juegos, videos, salvapantallas, música y cada vez más, todo tipo de servicios para teléfonos de última generación.
- Servicios de contactos.
- Servicios de inversión en mercados Forex

Podemos poner un punto y aparte a las empresas de venta de medicamentos online. Estas empresas ofrecen beneficios muy lucrativos pero **desde Septiembre de 2006 están reguladas en la Unión europea de forma que no es legal promocionar medicamentos por internet**, por lo que os aconsejo no entrar en ese campo.

Crear una web a partir de una categoría de anunciantes

Es posible que tengamos los conocimientos técnicos necesarios para crear una página web, pero que incluso después de llegar hasta este punto del manual, nos hayamos estrujado la cabeza y todavía no tengamos claro qué tipo de negocio queremos llevar a cabo en internet.

O simplemente puede que todo que hayas probado no te haya motivado lo suficiente como para poder llevarlo adelante y sacarle partido.

Es muy fácil quedarse atascado en ese aspecto, como diría Rosendo a veces cuesta llegar al estribillo. A pesar de tener todas las herramientas a tu alcance para poder crear un negocio productivo, no encuentras la forma de poder plasmarlas en la red. La creatividad es una fulana más cara de lo que parece y su agenda no está siempre disponible cuando necesitamos de su complacencia.

Pero ahora además conocemos todo lo que tenemos a nuestro alcance y podemos ofrecer a través de una página web. Sabemos la cantidad de tiendas sobre las que podemos hablar, sus productos, sus servicios y podemos utilizar esa información para **en lugar de hacer una página web y después buscar anunciantes que quieran aparecer en ella, crear páginas web a medida de los anunciantes que ya existen.**

Existen cientos de ejemplos en la red que han empezado a realizar servicios mixtos para anunciantes. Los comparadores y buscadores de vuelos, hoteles o seguros entre muchas otras, realmente son empresas comisionistas que en su mayoría han empezado mostrando los resultados de los anunciantes de las plataformas de afiliados.

Podemos crear un portal específico para un solo anunciante, o para todos los anunciantes de su categoría.

Cómo promocionar vuelos viajes y hoteles

Está claro que los negocios en vuelos, viajes, y hoteles son sectores pueden llegar a estar muy explotados en la red y la competencia ser demasiado grande en la actualidad, pero aún así, **día a día nacen nuevos creativos que se llevan un pequeño nicho de mercado en estos sectores.**

Podemos poner ejemplos como pueden ser las guías de hoteles con encanto, también portales especializados en parajes dedicados a los deportes de aventura como submarinismo, caza, pesca, escalada y muchos más y que gracias a promocionar las zonas donde se dan estas actividades recomiendan los hoteles que las organizan ofertando lugares de alojamiento a comisión.

Estos portales se están especializando en un pequeño nicho de mercado, pero a su vez se convierten en un portal de referencia en ese nicho concreto, con lo que terminan teniendo una buena cuota de ventas.

Otros portales que están empezando a tener su espacio e este mercado son aquellos que dedican su temática a un solo destino.

Por ejemplo, una web especializada en vuelos y alojamientos en países concretos como podría ser Brasil, Italia o China ó en cruceros por el Mediterráneo, por el Caribe o safaris en Kenia; tendría una cuota de mercado lo suficientemente holgada como para obtener beneficios y la competencia sería mucho menor que si intentara abarcar vuelos y hoteles a todos los destinos.

Cómo promocionar créditos y seguros

Hay que tener en cuenta **que la mayoría de los anunciantes de productos bancarios pagan por consulta real, es decir, cada vez que un posible cliente realiza una consulta sobre los productos financieros ofrecidos** a través del enlace de afiliado, este recibe la comisión y las aseguradoras en cambio dan la comisión por venta producida.

Ilustración 28 Portada de soyentrepreneur.com del 30-12-2011

En este mercado uno de los productos estrella son las calculadores de cuotas de créditos, las empresas unificadoras de deuda y las comparadoras de seguros, y aunque esos mercados están bastante explotados y la competencia es muy alta es posible hacerse un hueco y conseguir jugosas comisiones.

Un ejemplo muy productivo en este sector son los **portales de consulta muy especializados, pero que tienen un gran impacto de búsquedas o estas son muy relevantes en su categoría** (veremos cómo conocer el impacto de búsquedas más adelante).

Cómo vemos en la ilustración nº 28, este portal está orientado totalmente a ofrecer productos bancarios, en este caso relacionados con el crédito y la financiación en Méjico.

Todos sus reportajes hablan de cómo conseguir financiación, como financiarte si eres empresario, los 10 pasos para no cometer errores al buscar crédito y así muchos reportajes más, hasta **machacar el tema de tal manera que todo lo que se puede decir sobre este campo en concreto se dice en este portal**, incluso repetido en algunos casos. Esto hace que cualquier usuario que entre en esta página web buscando métodos para conseguir un crédito encuentre lo que busca.

A su vez podemos ver que la mayoría de los reportajes están destinados a enviar a los usuarios a los respectivos enlaces de afiliado de los anunciantes, con lo que asesorando a los clientes, les estamos vendiendo el producto.

Para los seguros podría ser algo similar. Un portal que se saturara de artículos relacionados con la temática de seguros de coches, de cómo obtener los mejores precios en seguros de coche, las diez coberturas imprescindibles en el seguro de coche, las 10 compañías recomendadas, etc. Lo mismo con seguros de salud, planes de pensiones y muchos más.

Para productos bancarios y aseguradoras está creciendo considerablemente la confianza en asesoría online, y por lo tanto los resultados positivos en portales que asesoren al cliente sobre sus mejores opciones desde situaciones reales y sobre los detalles y las características de cada oferta.

Cómo promocionar casinos y casas de apuestas virtuales

Las casas de apuestas deportivas y casinos online pagan una comisión por jugador presentado, y en algunos casos un porcentaje de los beneficios que ese jugador obtiene. Es decir, la casa premia a los jugadores ganadores, sobre todo en el caso de apuestas deportivas y Poker online.

Para captar jugadores en este nicho de mercado debemos ofrecer contenidos que les aporten algún beneficio, algo por lo que conseguir que los jugadores sigan nuestro portal y utilicen los portales de apuestas y casinos que les recomendemos, en definitiva, hay que demostrar a los usuarios de nuestro portal que siguiendo nuestras directrices tienen dinero a ganar en el campo de las apuestas del Poker o de los pronósticos deportivos.

Como ya he explicado con anterioridad**, el 99,99% de los llamados sistemas infalibles para ganar dinero en casinos online y casas de apuestas son una milonga**. Así que si no queremos ser unos vendedores de milongas, unos tramposos y estafadores, hay que ser realmente buenos en los datos que aportamos, fiables, demostrables y sobre todo honrados. Si no sabemos nada sobre apuestas deportivas no debemos postularnos como tales. No intentemos vender el famoso truco infalible para ganar a la ruleta, o el sistema matemático para ganar al Black Jack. Eso es engañar a la gente.

Podemos promocionar portales de Poker online si conocemos y aportamos por ejemplo todas las técnicas de diversos tipos de Poker, pero hay que recordar que no estamos vendiendo sistemas infalibles.

Podemos promocionar portales de Poker también con recopilatorios de los videos de los mejores torneos por ejemplo, o con un listado actualizado de inscripciones a nuevos torneos, foros, escuelas de Poker, manuales de reglas en diferentes variantes y toda la información fiable que podamos aportar.

Podemos **promocionar también portales de apuestas deportivas por medio de los pronósticos deportivos.** Pero como he dicho, hay que ser honrados, si fallamos, quien nos esté siguiendo también fallará. Y si nuestros pronósticos pierden dinero puede que estemos haciendo perder dinero a mucha gente. Hay que tener en cuenta que si la gente pierde dinero deja de seguirte. Por lo tanto, si no conocemos el mundo de las apuestas deportivas es mejor no meternos, y aún así, es ideal avisar en cada pronóstico de que el pronóstico que realizamos no es totalmente seguro.

Un gran reclamo utilizado por los casinos online y las casa de apuestas virtuales es el de ofrecer bonos a los jugadores, que cubran hasta el 100% de sus pérdidas en las primeras apuestas que realicen. Este puede ser un buen reclamo, bien por medio de un escaparate de bonos, bien por medio de ofrecer la posibilidad de realizar arbitrajes con los bonos de diferentes casas de apuestas.

Ilustración 29: Blog de pronósticos deportivos apuestas-españa.com

Como podemos ver en la ilustración 29, en este blog de apuestas deportivas se muestran los resultados de cada pronóstico, sea en apuestas favorables o en apuestas perdidas. En esta página web se promocionan las casas de apuestas deportivas por medio de pronósticos deportivos con el objetivo de que sus seguidores puedan llegar a unos mínimos de beneficios diarios a partir de una cantidad inicial.

Otros afiliados han optado por crear portales de noticias deportivas desde los que promocionar las apuestas deportivas, desde portales de marcadores deportivos hasta estadística.

Cómo promocionar programas de afiliados de contenido adulto

El sexo sigue siendo de lo más buscado y usado de la red. Podemos obtener beneficios utilizando desde videos de descarga hasta chat erótico, sexo en directo, fondos de pantalla eróticos y mucho más.

Los programas de afiliación de contenido para adultos suelen ser única y exclusivamente programas de contenido adulto. Estos programas suelen pagar o bien por cliente presentado, o por minutos en línea que esté cada cliente o bien por SMS.

En el negocio del contenido para adultos es donde más progresan las herramientas de promoción. Podemos encontrar más herramientas para elegir que en otras categorías, como banners desplegables, capas interactivas y mucho más, además de material gratuito de descarga para nuestros usuarios como videos gratuitos o galerías de imágenes entre otros.

Esto hace que podamos dotar a cualquier portal de contenido adulto en grandes cantidades sin tener que crearlo nosotros mismos.

Además tenemos la ventaja de que el contenido adulto además de captar a una enorme cantidad de público, capta a su público en momentos en que tiende a reaccionar al impacto visual, y todas las herramientas de promoción en este nicho de mercado están pensadas para crear ese impacto visual.

En cuanto a contenido la gran ventaja que tiene sobre otras temáticas además es que no necesitamos estrujarnos mucho la cabeza para vender lo que busca el consumidor. El consumidor busca contenido adulto, y eso es lo que le ofreceremos.

Para diferenciarnos del resto podemos crear contenido adulto especializado, cuentos eróticos, videos de despedidas salidas de tono, porno duro, interracial, lo que sea, si tienen tráfico especializado la gran mayoría de páginas de contenido adulto dan beneficios.

Otra de las grandes ventajas **de los programas de afiliación de contenido adulto es que te proporcionan una gran cantidad de páginas web ya creadas para promocionar**. En la ilustración 30 podemos ver la página web videochatmorbo.com ofrecida por el programa de afiliación para adultos redsponsor.com. Enmarcado en un círculo podemos ver como se puede promocionar esta página desde un enlace con la identidad del afiliado.

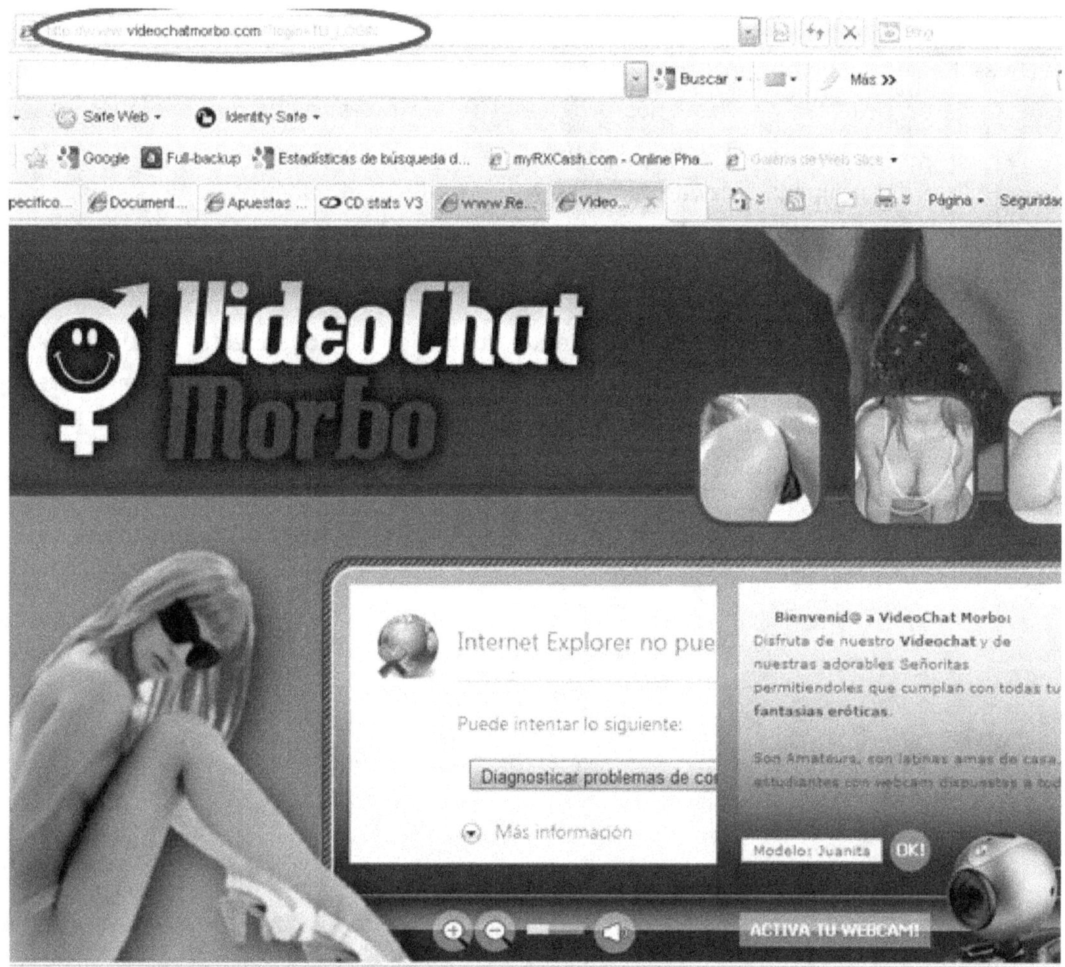

Ilustración 30: página a promocionar ofertada por redsponsor.com

Algunos de estos programas de afiliación pueden llegar a tener cientos de páginas web para promocionar, otros incluso ofrecen la posibilidad de instalar una página web ya diseñada en tu propio alojamiento web y así no tener que hacer nada más que promocionarla.

Cómo promocionar software y contenidos de descarga

El software y los contenidos de descarga también se pueden promocionar por diferentes medios. Existe el más usado, que es el típico portal de descarga, con cada producto para descargar catalogado y ordenado. También podemos encontrar los foros de descarga, que suelen ser muy similares, con todas las descargas ordenadas por categorías.

A partir de ahí vienen páginas web especializadas, mucho menos extensas pero muy efectivas. En ellas podemos encontrar desde páginas especializadas en cine que fomentan la descarga de películas y series o los programas de descarga, blogs que hablan de las últimas actualizaciones en software o juegos y ofrecen la última versión para descargar o como utilizar determinado software, incluso hay portales que hablan solo de seguridad para el ordenador y su único objetivo es vender los antivirus que tiene clasificados de mejor a peor según los beneficios que le aporten.

El portal que podemos ver a continuación en la ilustración 36 nos muestra un blog que trata como noticias la mayoría de las actualizaciones de software y algunas de hardware para llevar a los seguidores de esos productos a sus enlaces de descarga.

En este caso el portal lleva la mayoría de las veces mediante enlaces de afiliado a sus usuarios a las páginas de descarga de las actualizaciones de software, en muchos casos provenientes de programas de afiliación.

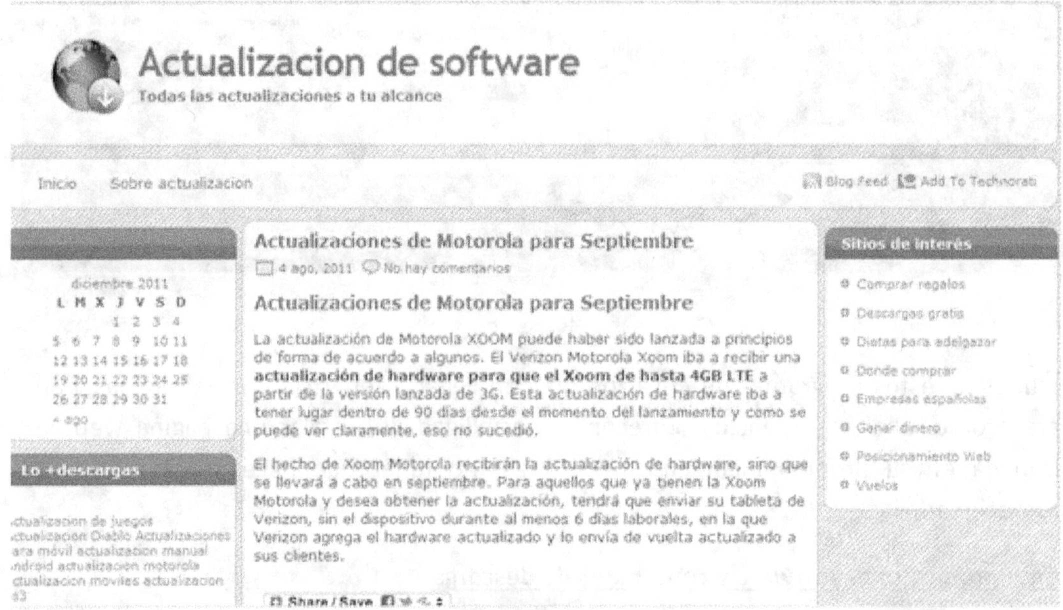

Ilustración 31 Portada de actualizacion.info de Agosto de 2011

<u>Cómo promocionar servicios de páginas de contactos (meeting)</u>

Las páginas de contactos también tienen su propio programa de afiliación independiente, aunque algunas de ellas utilizan plataformas de afiliados para anunciar sus productos.

Al igual que con el resto de productos de afiliados, para promocionar plataformas de encuentros deberemos ser muy originales para diferenciarnos del resto de páginas promocionales.

Nuestro primer recurso puede ser otra vez las comparativas, podemos buscar crear un portal de noticias sobre cómo encontrar pareja en la red, comparar los mejores servicios, mayor cantidad de usuarios en línea, mejor preservación de la privacidad y muchas otras características de las diversas redes sociales que se anuncian mediante programas de afiliados. Otra arma interesante puede ser un blog de sociedad que analice tendencias de relaciones o de fidelidad en grupos de población, artículos sobre encontrar pareja y otras temáticas relacionadas.

En este sector es un poco más complicado ser original pero aún así portales tipo foros o chats clasificados por aficiones o intereses están teniendo bastante éxito para todo tipo de público, ya que el usuario que busca la página de encuentros (meeting) ya busca directo esto y hay que conseguir que entre en nuestra página web y guiarlo al portal de contactos por estos cauces más indirectos.

Promoción de anuncios de pago por clic

El pago por clic la gran alternativa

Es posible que seamos expertos en temáticas en las que no suele haber un amplio marco comercial a través de internet. Desde portales de poesía romántica hasta páginas web especializadas en física cuántica, podemos encontrar o aportar todo tipo de contenidos a la red.

El gran problema es que en muchos casos es posible que no encontremos una gran cantidad de artículos relacionados con nuestra página web que podamos ofrecer, o que nuestro público no tenga un alto ratio de compra de los productos que ofrezcamos. Así que **para rentabilizar la publicidad de nuestra web sin vender nada ni ofrecer servicios concretos tenemos la opción de promocionar anuncios de pago por clic.**

Los anunciantes de pago por clic tienen una gran ventaja y una gran desventaja frente a los anunciantes que pagan a comisión por objetivo cumplido (venta, comisión etc.).

Ventajas y desventajas del pago por clic

La gran ventaja de promocionar anuncios de pago por clic es que nuestras fuentes de ingresos son muy regulares. Es decir, si nuestros visitantes pulsan sobre los anuncios de nuestra página web, obtenemos un beneficio limpio por clic, por ejemplo, si un anunciante paga 0,10€ por clic y obtenemos 20 clics al día de media, obtenemos 2,00 Euros diarios de beneficios independientemente del número de ventas que haga el anunciante finalmente. Si la página web del anunciante no vende nada en todo un mes, nosotros seguiremos obteniendo los mismos beneficios igualmente.

El porcentaje de clics a nuestros anuncios en relación con las visitas a nuestra página web suelen estar determinados por la forma del anuncio, la posición que estos ocupen dentro de nuestra página web y la composición de colores e imágenes que los forman.

Por otro lado el contenido de la página web de destino, la calidad de sus productos y ofertas y su capacidad para vender no influyen en nuestros beneficios finales, por lo tanto podríamos decir que los beneficios finales dependen directamente de nosotros en un 99%.

La gran desventaja es obviamente el efecto contrario. Si promocionamos a un anunciante cuyo ratio de ventas es muy elevado, o los precios de sus productos muy altos y por lo tanto las posibles comisiones muy atractivas, aunque este sitio genere muchas ventas con el tráfico que le enviemos desde nuestra página web, nuestro beneficio medio también siempre será el mismo.

<u>**Las grandes empresas de pago por clic**</u>

Actualmente **las dos grandes empresas de pago por clic que aportan mejores beneficios a nivel de resultados tanto para anunciantes como para afiliados son Adsense de Google.com y Publisher de Yahoo.com.** Estas dos empresas ofrecen anuncios de pago por clic con una particularidad, y es que subiendo el código de nuestros los a nuestras páginas web estos muestran anunciantes cuya categoría está relacionada con el contenido de nuestro portal.

La gran pega para el mercado español de los servicios de Publisher de Yahoo.com es que todavía está trabajando mucho para mercados de habla inglesa y se espera que a principios de 2012 sea cuando tenga el bum en el mercado español. Además, en yahoo.com actualmente no puede anunciarse cualquiera, los portales aceptados deben ser de gran calidad y tener una cantidad de tráfico muy elevada.

Esto nos deja de momento con Adsense de Google.com como el gran referente de portales de pago por clic y será el que trataremos con mayor profundidad.

Adsense de Google

Los anuncios de Adsense de Google.com son los más extendidos de la red, no en vano facturan miles de millones de dólares al año desde que crearon el mejor motor de búsqueda online conocido.

El programa Adsense de Google.com nos proporciona varios tipos de herramientas de promoción de anunciantes, en las que muestran a cada anunciante dentro de nuestra página en relación al contenido de esta, es decir, si nuestra web es de dietas, mostrarán anunciantes relacionados con la salud, las dietas y la nutrición.

Tenemos a nuestra disposición bloques de anuncios para contenido, motores de búsqueda, contenidos exclusivos para móviles, feeds de noticias, juegos y herramientas para promoción en vídeo, además si no tenemos contenido en nuestra página web podemos aparcar la publicidad de google.com y generar beneficios de igual forma. En definitiva, Adsense de Google.com es la mejor herramienta de pago por clic que existe actualmente.

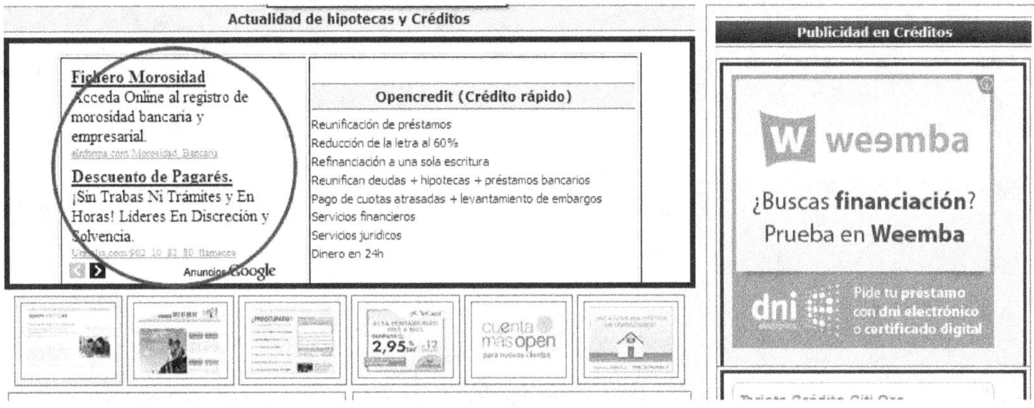

Ilustración 32 Anuncios en bloque de contenido de Google Adsense utilizados en el portal mercacredito.com

Las herramientas más usadas en las páginas web son los bloques de anuncios de texto e imágenes y los buscadores personalizados, estos suelen generar buenos beneficios con cada clic que hacen los usuarios al pulsar en la publicidad.

Cómo optimizar nuestros banners de publicidad por clic

El valor y la efectividad de nuestras campañas de publicidad dependerá íntegramente del contenido de nuestra página web, este valor se puede calcular mediante el RPM (explicado anteriormente) de cada anuncio o campaña y subordinaremos ese éxito a los siguientes factores:

1. Precio de las palabras clave.
2. Posición de los banners.
3. Diseño de los banners.

<u>Optimizar los anuncios de pago por clic: Precio de las palabras clave</u>

Es posiblemente el factor más determinante a la hora de incrementar los beneficios de una campaña de pago por clic. Google asigna a cada palabra clave un precio mínimo con el cual aparecer tanto en su motor de búsqueda como en su red de anunciantes.

Podemos conocer todos y cada uno de los precios realizando las búsquedas pertinentes en la herramienta de palabras clave de la plataforma para anunciantes Adwords de Google.com, cuya utilidad más importante explicaremos más adelante.

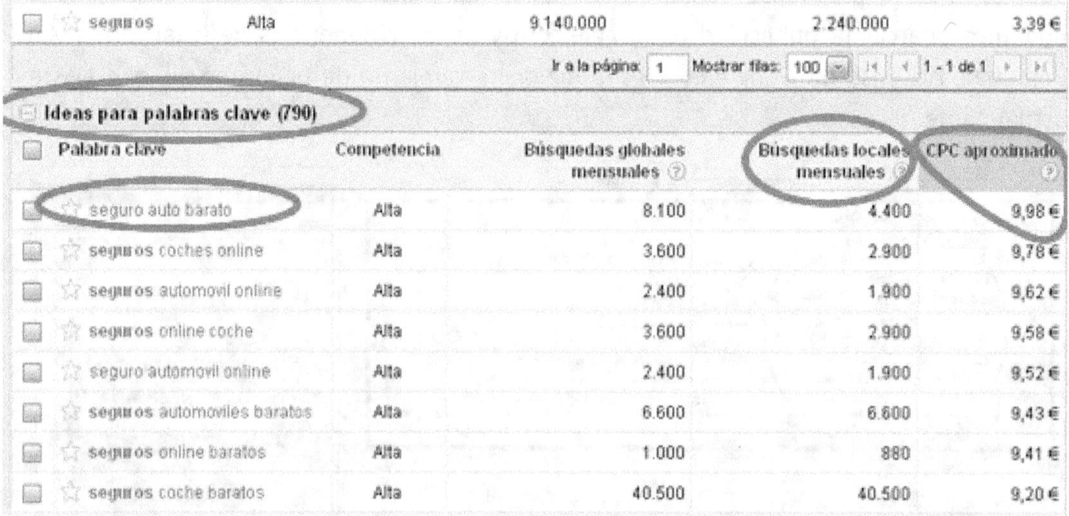

seguros	Alta	9.140.000	2.240.000	3,39 €

Ir a la página: 1 Mostrar filas: 100 1 - 1 de 1

Ideas para palabras clave (790)

Palabra clave	Competencia	Búsquedas globales mensuales	Búsquedas locales mensuales	CPC aproximado
seguro auto barato	Alta	8.100	4.400	9,98 €
seguros coches online	Alta	3.600	2.900	9,78 €
seguros automovil online	Alta	2.400	1.900	9,62 €
seguros online coche	Alta	3.600	2.900	9,58 €
seguro automovil online	Alta	2.400	1.900	9,52 €
seguros automoviles baratos	Alta	6.600	6.600	9,43 €
seguros online baratos	Alta	1.000	880	9,41 €
seguros coche baratos	Alta	40.500	40.500	9,20 €

Ilustración 33 Resultado de la búsqueda de las palabras relacionadas con seguros en la herramienta de palabras clave de Adwords de Google.com

Como podemos ver en las ilustraciones 33 y 34, tenemos la búsqueda de la palabra clave "*seguros*" y "*mariposas*" con los resultados orientativos para aparecer en los espacios de anuncios de la red de búsqueda de Google.com clasificados por palabra clave.

Ideas para palabras clave (36)

Palabra clave	Competencia	Búsquedas globales mensuales	Búsquedas locales mensuales	CPC aproximado
lepidópteros	Baja	8.100	1.600	0,77 €
lepidoptero	Baja	8.100	1.600	0,76 €
mariposas nocturnas	Baja	2.900	720	0,37 €
mariposas monarcas	Baja	90.500	4.400	0,29 €
regalos mariposas	Alta	480	110	0,28 €
tuercas mariposas	Baja	480	110	0,27 €

Ilustración 34: Resultado de la búsqueda de las palabras relacionadas con mariposas en la herramienta de palabras clave de Adwords de Google.com

Los precios que aparecen bajo la columna con el título *"CPC aproximado"* son los precios medios que paga un anunciante a Google.com cada vez que un usuario introduce en su motor de búsqueda las palabras clave que aparecen bajo la columna *"Palabra clave"* y hace clic en esos anuncios al mostrar los resultados de dichas búsquedas.

Cuando hace esa misma acción desde un buscador de google.com insertado dentro de la página web de un afiliado, ese coste pasa a ser repartido a razón del 50% para el afiliado a google.com y 50% para google.com.

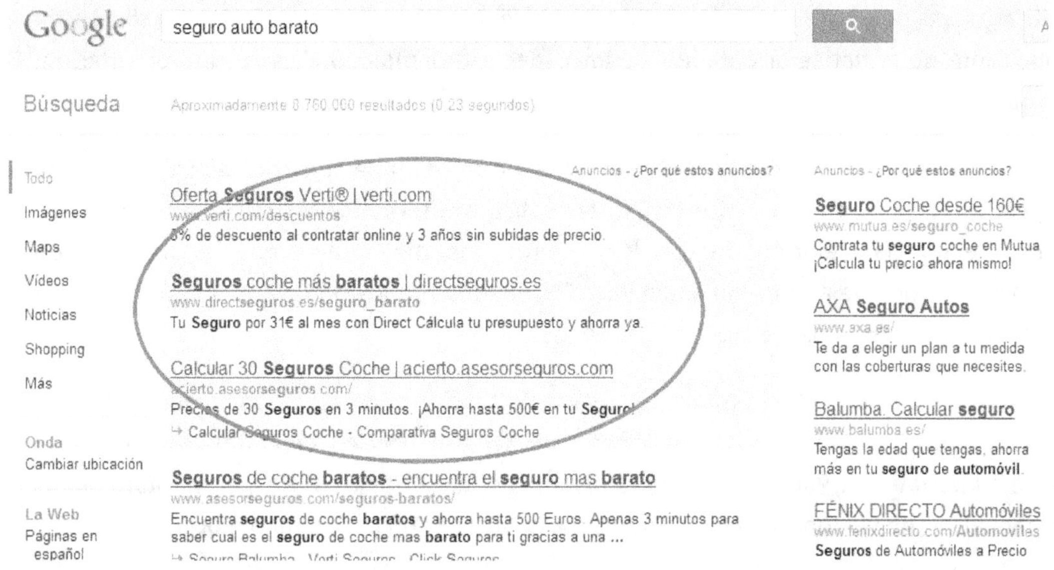

Ilustración 35: Impresión de resultados de la búsqueda "*seguro de auto barato*" en google.es

Como podemos ver en la ilustración 35, los anunciantes que aparecen en este resultado de búsqueda *"seguros de auto barato"* pagarán a google.com 9,98 Euros cuando un usuario haga clic sobre sus publicidades. En cambio, si esto se produce en los resultados ofrecidos desde un buscador integrado dentro de la página web de un afiliado, este percibirá 4,49€ cuando un usuario haga clic en la publicidad de su buscador integrado de Google.

Cuando hablamos de banners de publicidad en formato de texto o imágenes tal y como se mostraba en la ilustración 32, estas cantidades se pueden reducir hasta el 15% o 20% en relación al precio por clic que se ofrece en la red de anuncios por búsquedas, por lo que podríamos hacernos una idea aproximada del valor de cada anuncio estático referente a cada temática.

En este caso, el precio medio para los seguros en general es de 3,39 Euros, por lo que el precio por clic en un banner publicitario cuya temática general fueran los seguros se calcularía de la siguiente forma: 3,39€ (precio medio de la palabra genérica)/2 (el 50% del precio que ofrece Google)*17,5/100 (sacamos el 17,5% aproximado). En este caso obtendríamos un CPC medio de 0,29€ por clic, una cifra nada desdeñable.

En cambio, para el caso de las *"mariposas"* el CPC medio que nos muestra la herramienta para palabras clave de Google es de 0,23€. Si aplicamos la misma fórmula nos aparece un PCP medio de 0,021€.

Esto significa que para obtener el mismo dividendo que obtenemos con un clic en un anunciante de temática orientada a *seguros* necesitaríamos 19 clics en uno orientado a *mariposas*.

Para que un anuncio de Adsense de Google de determinada temática aparezca en una página web, dicha página web debe tratar sobre esa temática. Es decir, si tenemos un portal de noticias relacionado con los seguros, tenemos prácticamente un 100% de posibilidades de que aparezcan anuncios relacionados con los seguros, y que por lo tanto obtengamos costes más elevados en los pagos por clic.

La solución está clara. **Crearemos páginas web o secciones de nuestras páginas web con temáticas que engloben palabras clave que tengan precios elevados para obtener mayores beneficios.** Para localizar esas palabras deberemos usar y experimentar con las herramientas de palabras clave de Google hasta obtener un precio medio óptimo.

Optimizar los anuncios de pago por clic: Posición de los banners publicitarios dentro de nuestra web

Ahora que ya tenemos banners que nos permiten ganar una suma de dinero muy apetecible cada vez que alguien haga clic sobre ellos, nuestra misión es conseguir obtener el mayor número de clics posible en relación al número de visitas a nuestra página web.

Está claro que **si nuestros banners publicitarios no están a la vista los usuarios de nuestro sitio no van a clicar sobre ellos**. Además existen zonas de las páginas web donde los usuarios clican más que en otras, esto está demostrado después de diversos estudios que nos dicen cuales son las zonas más eficaces para insertar los elementos publicitarios. Estas zonas se denominan zonas calientes de la página y absorben aproximadamente el 85% de las acciones de los usuarios.

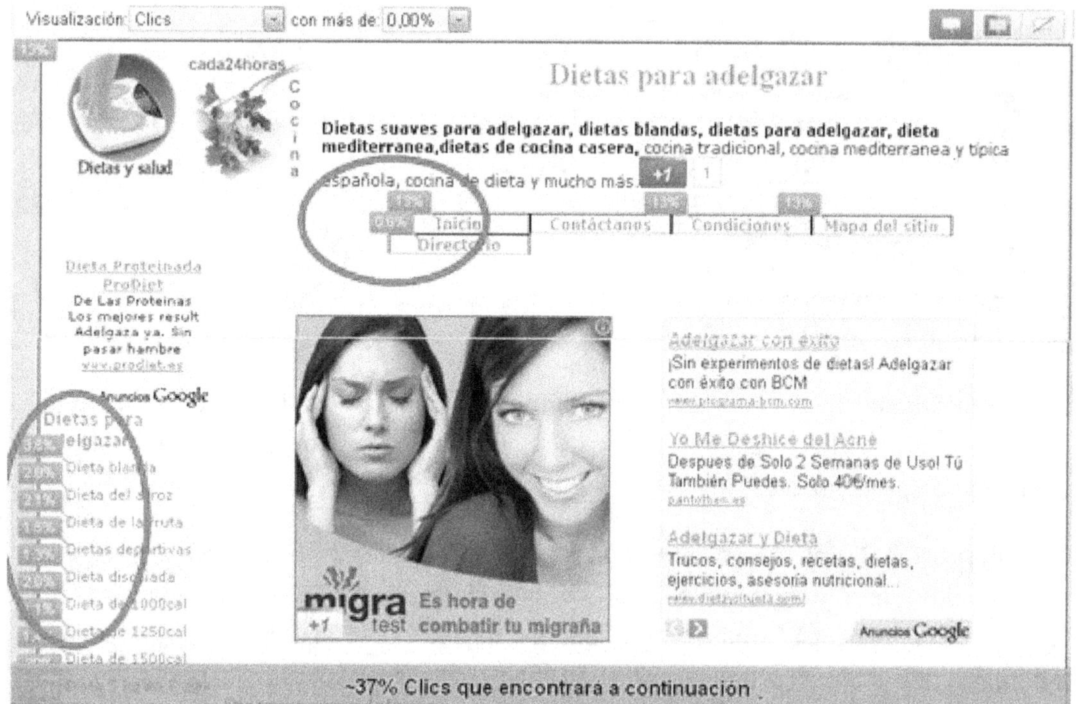

Ilustración 36 Analítica de la página cada24horas.com desde *Analytics* de Google

Actualmente podemos conocer el número de clics en cada uno de nuestros enlaces por medio de la herramienta *Analítica de la página* de los servicios gratuitos *Analytics* de Google. Gracias a ella nos podemos hacer una idea aproximada de las acciones de nuestros visitantes cuando interactúan con nuestro portal.

En la analítica de la ilustración 36 podemos ver el comportamiento aproximado de nuestros visitantes. En este caso concreto vemos que la mayoría de los usuarios interactúan con los menús laterales de contenido, muestra de que el portal les ofrece la información que están buscando.

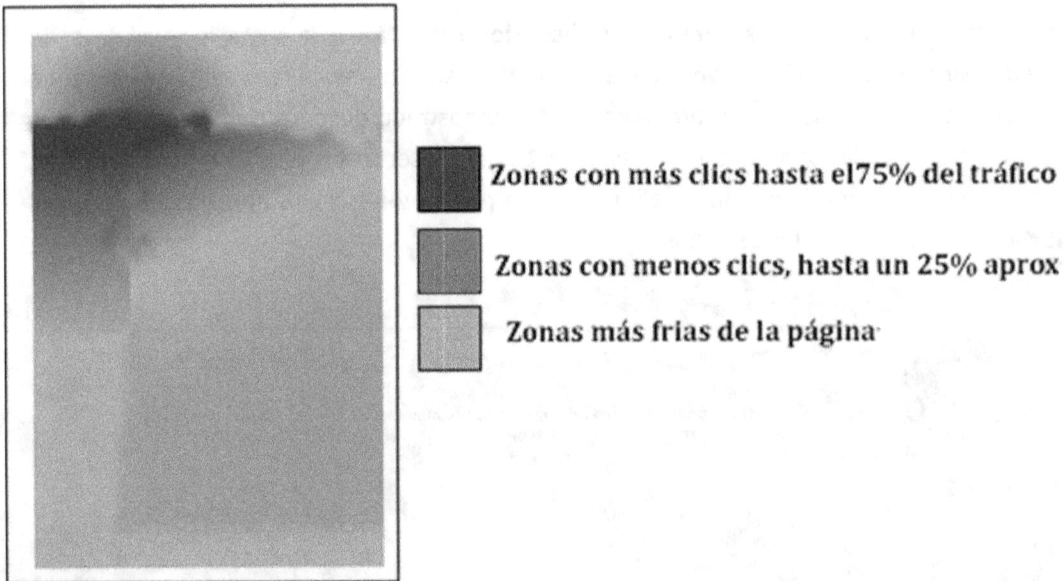

Ilustración 37 Mapa con las zonas calientes de cualquier página web con menú lateral a la izquierda

Esta analítica también nos dice las zonas donde más clican los usuarios, y que por lo tanto nos puede proporcionar el mayor número de beneficios si integramos ahí nuestra publicidad de pago por clic.

En la ilustración 37 mostramos un **mapa de las zonas calientes habituales en portales con los menús de contenido ubicados a la izquierda del usuario**. Si ubicamos los menús a la derecha la tendencia cambiará quedando reflejada de forma simétrica, por lo que tendremos que adaptar los banners de publicidad a las nuevas zonas calientes.

Con estos datos nuestra mejor opción para aumentar el número de clics a nuestra publicidad en relación al tráfico recibido en nuestra página web pasa por aprovechar estas zonas calientes y ubicar la publicidad en ellas.

Optimizar los anuncios de pago por clic: Diseño e integración de los banners publicitarios

Ahora que ya tenemos anuncios que nos aportan beneficios a un precio atractivo y conocemos los mejores puntos en los que insertarlos para obtener el mayor número de clics posible, aún podemos rizar el rizo a la hora de integrar dichos anuncios.

Desde la zona de edición de nuestra cuenta de afiliado de Adsense de Google tenemos la opción de elegir el aspecto final que tendrán nuestros anuncios de texto e imagen.

En cuanto a tamaño suelen haber diversos formatos bastante efectivos. Para contenidos centrales que precisan de un marco más amplio los más productivos suelen ser los banners horizontales de 728X90 píxeles y los cuadrados grandes de 336x280 píxeles. Para menús y contenidos más reducidos es mejor usar cuadrados que encajen lo más exactamente posible con el ancho de los elementos que los contienen. Buscaremos siempre el banner que mejor se adapte a cada zona estratégica de nuestra página web aunque tengamos que crear varios.

En cuanto a edición del banner, forma de las esquinas, colores de fondo, texto y enlace e incluso las fuentes del texto, existen diferentes opiniones al respecto.

Podemos crear banners publicitarios que destaquen sobre el contenido de la página o adaptar todas las propiedades de la publicidad de manera que esta quede totalmente camuflada como si formara parte del contenido de nuestra web.

Personalmente desde el ensayo y análisis de resultados la gran mayoría de afiliados se decanta por utilizar una combinación mixta, en la que los banners incrustados en los menús se asemejan más al contenido de la página, copiando colores fondos y estilos y por unos banners más destacados cuando se trata de mostrar publicidad en tamaños grandes dentro de contenidos centrales.

Es posible que en según qué portales los anuncios demasiado excesivamente mimetizados con la web sean contraproducentes y viceversa, que en otros portales un anuncio demasiado destacado pueda llegar a causar rechazo por parte de los usuarios, creando así una mala imagen de la web.

En las manos del anunciante está encontrar el aspecto ideal que genere buenos resultados.

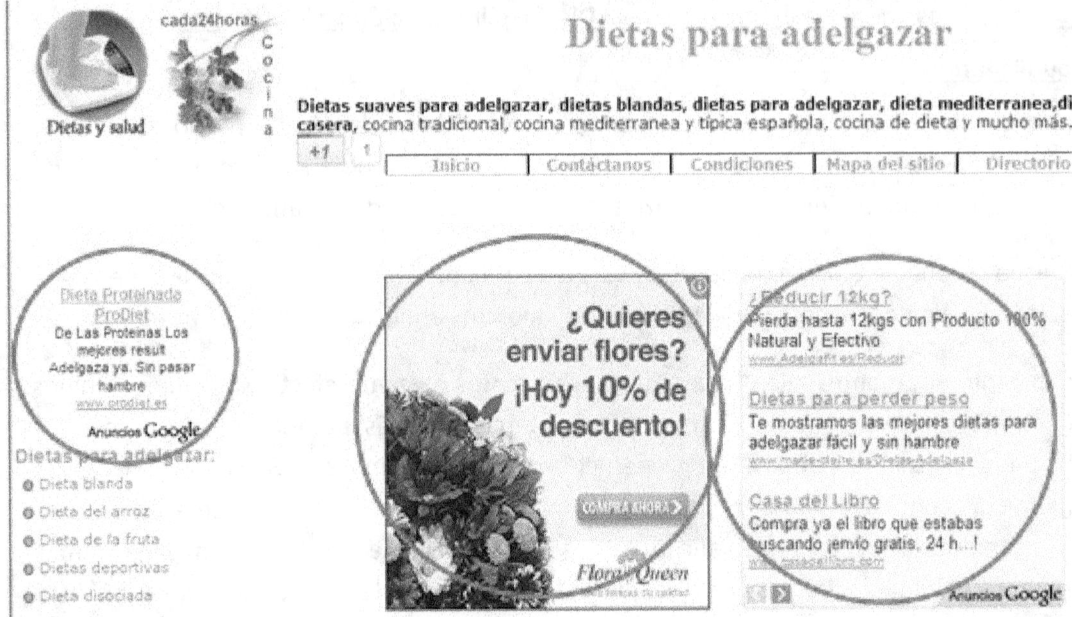

Ilustración 38 Impresión de pantalla de cada24horas.com con los banners publicitarios entre círculos

Como podemos ver en la ilustración 38, tenemos banners publicitarios destacados en las zonas centrales y bastante más camaleónicas en la zona del menú lateral.

Empresas de pago por clic: Evitar sanciones de Google y cancelaciones de cuentas

En el caso de Adsense de Google y otras empresas de pago por clic, los anunciantes pagan una cantidad de dinero a cambio de obtener una visita de un posible cliente, es decir, cada vez que nos pagan se supone que están recibiendo una visita desde nuestra página web.

Eso quiere decir que si nosotros mismos hacemos clic en nuestros anuncios, recibiremos una cantidad por dicha acción, pero realmente no estamos dando al anunciante aquello por lo que nos está pagando. **Existen diferentes formas de inflar la cantidad de clics a un banners publicitario de forma artificial que debemos evitar**. Debemos ser honrados con el anunciante y con nosotros mismos y evitar las prácticas prohibidas por los anunciantes por dos razones.

En primer lugar por empatía. Debéis tener en cuenta que vosotros mismos podríais estar pagando por anunciar vuestros productos por internet, y maldita sea la gracia si tenéis que pagar a un raterillo gandul y tramposo que se dedica a ganar dinero con vuestras publicidades sin produciros beneficio alguno.

En segundo lugar por las consecuencias. Si los anunciantes encuentran una página web que está realizando prácticas prohibidas por el afiliado, se inhabilitan las cuentas de dicho afiliado, cancelando también sus pagos. Además, en el caso de Google entre otros, el afiliado queda inhabilitado de por vida, con lo que no puede volver a abrir ninguna cuenta alguna a su nombre ni promocionar portales que se alojen en la misma dirección IP desde la que ha realizado las prácticas prohibidas.

Para evitar incurrir en estas prácticas es ideal leer las políticas de uso de cada programa. La mayoría suelen tener sistemas para identificar a los publicistas tramposos, y en un futuro estas prácticas podrían tener consecuencias más allá de la inhabilitación de la cuenta.

Cobrar por un trabajo o servicio que no se ha realizado se podría considerar estafa. Además en estos casos estafa reiterada, al realizar la acción varias veces. Esto puede traer consecuencias como sanciones administrativas o incluso penales.

En nuestra mano está tener un negocio honrado dentro de la web. A largo plazo siempre es más beneficioso y gratificante.

Cómo promocionar nuestro negocio en internet

El por qué es necesario promocionar nuestra web

Una vez tenemos creada la página web o conjunto de páginas web que serán nuestro negocio en internet ha llegado el momento de conseguir atraer hacia nuestros servicios y productos público que se convierta en nuestra fuente de beneficios. Si no tenemos público no obtenemos beneficios.

Para atraer al público es necesario promocionar nuestra página web, y para ello existen diferentes cauces que pueden desembocar en éxito.

Cómo elegir un método de promoción. La matemática del Euro

Existen una gran cantidad de métodos de promoción efectivos, cada uno de ellos tiene un coste, unas pautas de realización y una carga de trabajo diferentes.

Los métodos de promoción de pago (compra de palabras clave, difusión en los medios, marketing de guerrilla etc.) tienen la gran virtud de que nos permiten llegar al público de forma rápida y directa. El gran inconveniente es obviamente que cuestan dinero, pero aún así pueden valer la pena, es cuestión de matemáticas.

Los métodos de promoción gratuitos (posicionamiento web, publicidad Bluetooth, anuncios en foros y portales de clasificados), a diferencia de las promociones de pago suelen tardar un poco más en llegar al público, aunque su gran ventaja es que no nos lastiman el bolsillo. De todas formas siempre podemos pagar a empresas por estos servicios también.

Para elegir los métodos por los cuales voy a promocionar mi página web el primer paso es saber si estoy dispuesto a gastar alguna cantidad de dinero. También deberé saber si los anunciantes que se anuncian a través de mí, en caso de que mi negocio se base en terceros, permiten que contrate los medios de promoción que yo quiera (política de palabras clave que veremos más adelante).

En caso de no poder gastar dinero también deberemos conocer los recursos de los que disponemos, tiempo para emplear en las promociones, recursos disponibles etc.

En el caso de utilizar promociones de pago siempre aconsejo seguir la matemática del Euro. Si 100 Euros invertidos te producen más de 100 Euros de beneficio, adelante. Un sistema de promoción solo es efectivo si el balance al final del mes es positivo.

Para conocer si un sistema de promoción de pago es efectivo como podría ser la compra de palabras clave, hay que tener en cuenta que es posible que estemos obteniendo beneficios desde otros sistemas de promoción como podría ser el posicionamiento orgánico en buscadores. Por lo tanto hay que ser capaces de separar los beneficios que producen unos y otros métodos de promoción, para ello contamos con herramientas como las páginas de aterrizaje, la inserción de variables y otros elementos que podremos ver más adelante.

Planificar la web para una buena promoción

Para planificar una buena promoción es necesario tener en cuenta diversos factores, y uno de ellos es nuestra página web. Partimos de la premisa de que tenemos ya creado un portal a un nivel de calidad más que bueno, en el que obtenemos de un porcentaje aceptable de nuestros visitantes los objetivos que deseamos, bien sea un clic a un banner publicitario, una venta, una descarga o un registro, tanto hacia los productos de nuestros anunciantes como a nuestros propios servicios y productos.

Una promoción debe atraer a un determinado sector del público acorde con aquello que ofrecemos, y **la mayoría de los métodos de promoción serán más o menos eficaces dependiendo de la planificación que hayamos llevado previamente** para dichas promociones.

Métodos de promoción

Publicidad de pago por clic, compra de palabras clave

Uno de los métodos de promoción más rápidos, directos y eficaces es el de pago por clic o compra de palabras clave. Con este método contratamos a una empresa de publicidad para que muestre en sus páginas de promoción (Buscadores, páginas de afiliados o propias) nuestros banners de publicidad.

La herramienta más potente en la publicidad de pago por clic es la compra de palabras clave. Con este recurso, nuestros anuncios aparecen en los lugares designados para la publicidad de los buscadores de las empresas publicitarias cuando un usuario realiza la búsqueda de determinadas palabras clave que nosotros hemos seleccionado previamente. Los buscadores que ofrecen mejores resultados y que además son más usados por el público en general son actualmente Google, Yahoo y Bing.

Por ejemplo, si nosotros tenemos un portal de venta de vinos y queremos contratar publicidad mediante la compra de palabras clave en un buscador determinado como podría ser Google, podemos elegir aparecer en los espacios del buscador asignados por

Google para sus anunciantes en los resultados de la búsqueda de una serie de palabras relacionadas con la venta de vino.

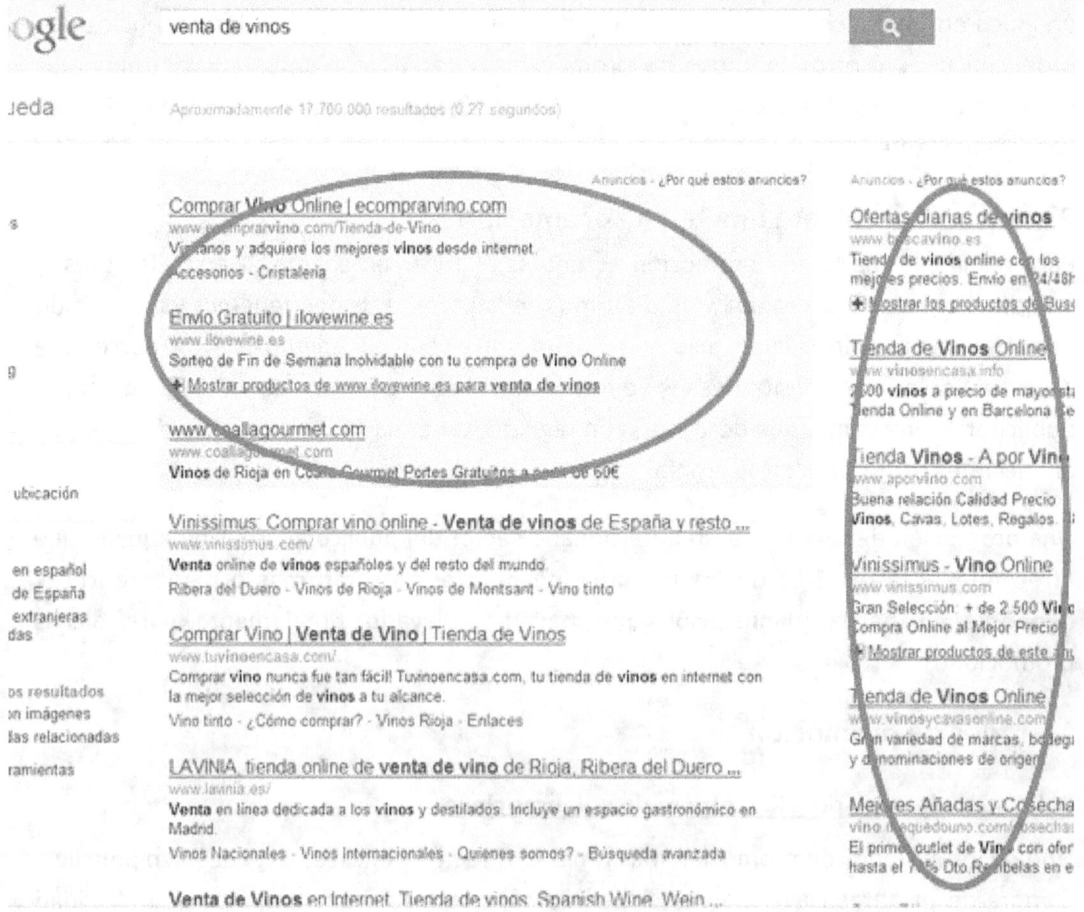

Ilustración 39: resultados de búsqueda de "*venta de vinos*" en el motor de buscador de Google.es

Como podemos ver en la ilustración 39, tenemos plasmado el ejemplo de los resultados que devuelve el buscador de google.es cuando alguien introduce el término de búsqueda "venta de vinos". Como podemos apreciar, los resultados resaltados por círculos están en los espacios asignados por Google para mostrar su publicidad y son en los que aparecen los anunciantes pagando un determinado precio por cada visita recibida a su portal desde esos anuncios.

Estas visitas tienen un gran valor para los anunciantes por una sencilla razón, y es que los visitantes que reciben están buscando el producto que estos venden, con lo que las posibilidades de obtener una venta se incrementan.

De entre todos los buscadores destaca sobremanera el buscador de Google, y este ofrece el programa Adwords para anunciantes que es realmente potente y del que vamos a hablar a continuación con más detalle.

Publicidad de pago por clic: Adwords de Google, red de búsqueda

A diferencia de los programas para anunciantes de Yahoo y Bing, el programa de Adwords de Google es mucho más flexible a la hora de aplicar criterios de aceptación con sus anunciantes, ya que por ejemplo Yahoo es muy rígido en cuanto a sus criterios de aprobación y es necesario pasar un determinado grupo de filtros antes de terminar anunciándose a través de su red.

Además, el programa de Adwords de Google también ofrece bonos de bienvenida para probar el programa, una gran red display (red de páginas afiliadas que muestran el contenido del anunciante si está relacionado con la temática y contenido del afiliado) y una serie de herramientas de promoción con las que anunciarnos como herramientas de palabras clave, anuncios de imagen o incluso la posibilidad de posicionar nuestros anuncios por encima de los de nuestros competidores en base a la aplicación de cánones de calidad de diversos factores como son la calidad de la página de destino, la calidad del anuncio, la densidad y concordancia de las palabras clave etc....

Cómo crear una campaña de Adwords de Google

Para crear nuestras campañas con Adwords de Google seguiremos los siguientes pasos:

1. **Crearemos una cuenta Adwords:** Siguiendo los pasos marcados en la misma página solo es necesario disponer de una cuenta de Google. Es aconsejable tener una cuenta específica para la campaña y usarla solo para la gestión de la publicidad de la página web.
2. **Crearemos nuestra primera campaña**: Siguiendo paso a paso las instrucciones se puede crear una campaña en pocos minutos. Es aconsejable crear una campaña para cada producto o servicio que queramos promocionar en lugar de campañas más generalizadas, así podemos medir mejor la efectividad de cada grupo de palabras clave y podemos dedicar presupuestos a cada una de esas campañas en base a los resultados que aporten.
3. **Crearemos los anuncios efectivos**: Utilizaremos **las palabras clave por las que queremos aparecer en el texto de los anuncios, tanto en el título como en el cuerpo del anuncio**, si enviamos el anuncio a una sección de nuestra web que también incluya alguna de las palabras clave mejor.

Como podemos ver en la anterior ilustración 39, las palabras que forman parte de la búsqueda y aparecen en los anuncios se muestran en negrita, eso hace que llamen la atención a los usuarios de la web, además, cuanto más relacionado está el texto de la búsqueda con la misma, mejor posición ocupan los anuncios dentro de los resultados que ofrece Google.

Para que aparezca cada vez un anuncio dependiendo del término de búsqueda podemos usar el siguiente código en el título de cada anuncio: {keyword: Palabras clave}, así podemos crear un anuncio específico para cada término de búsqueda concreto y con ello mejoraremos el rendimiento de cada campaña.

4. **Elegir las palabras clave adecuadas**: Cuando utilizamos la herramienta de palabras clave nos podemos encontrar en que para un mismo término, como podría ser el que tenemos siguiendo el ejemplo de vinos, la herramienta nos muestre más de seiscientos o setecientos resultados posibles. **Es aconsejable crear grupos de palabras clave muy reducidos y agrupados por categorías**, por ejemplo, en este ejemplo podríamos crear un grupo de palabras clave para anunciar todo lo referente a los siguientes términos:
    a. Un grupo para vinos ribera del Duero.
    b. Un grupo para vinos valencianos.
    c. Otro para vinos de Rioja.
    d. Y así sucesivamente.

    A estos grupos hay que asignarles sus correspondientes términos de búsqueda, por ejemplo (Para el grupo a podrían ser: Comprar vinos ribera del Duero, Las mejores cosechas Ribera del Duero, lotes de vino ribera del Duero, y así sucesivamente con el resto de las categorías).

    Es aconsejable además asignar a cada grupo de palabras clave la concordancia con respecto a la búsqueda que queremos que se aplique para que aparezcan nuestros anuncios, es decir, **hasta que punto queremos que coincida la búsqueda del usuario con cada una de nuestras palabras clave para que se muestre nuestro anuncio.**

    Para posicionar efectivamente nuestros anuncios respecto a los de nuestra competencia y obtener una mayor efectividad se suele aplicar la concordancia exacta, esto significa que para que aparezca nuestro anuncio en los resultados de búsqueda del usuario por encima de los anuncios de nuestros competidores, este debe incluir la palabra o grupo de palabras clave que tenemos determinadas, por ejemplo, si queremos destacar en la búsqueda *"vinos de ribera del Duero"*, en nuestro anuncio deberán aparecer dichas palabras

5. **Elegir las páginas de destino adecuadas a cada anuncio:** Otro de los factores relevantes a la hora de crear una campaña de pago por clic es elegir qué página de destino es la que mostramos a los usuarios que llegan desde cada uno de nuestros anuncios.
   Podemos llevar a nuestros visitantes a páginas interiores de nuestro portal que hagan referencia a la búsqueda específica que han realizado o incluso crear una de las llamadas páginas de aterrizaje para cada anuncio (veremos las páginas de aterrizaje más adelante en profundidad), que esté totalmente optimizada para mejorar su clasificación en el programa Adwords de Google y a su vez diseñada para conseguir el mayor número de éxitos con respecto a los objetivos marcados.

Como podemos ver a continuación en la ilustración 40, tenemos una ventana del administrador de una cuenta Adwords de Google, al mantener el puntero del ratón sobre los pequeños iconos de diálogo de la columna estado nos aparece la valoración que da esta herramienta a cada palaba clave cuando esta se busca y nos aporta información sobre si esta palabra clave activa los anuncios en ese momento.

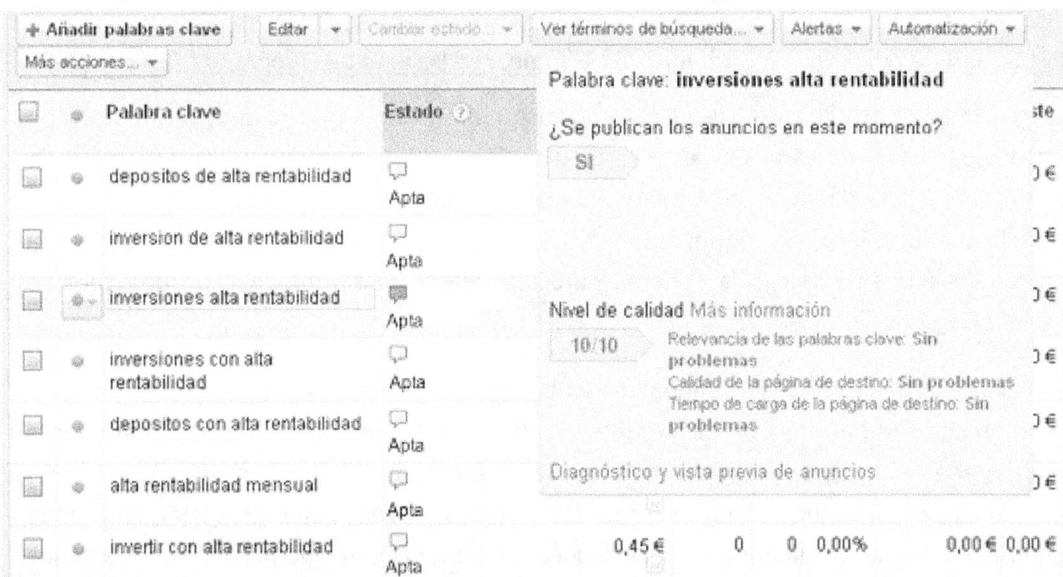

Ilustración 40: Muestra de la sección de palabras clave del administrador Adwords de Google ara una campaña de inversiones

Como podemos apreciar, la ilustración 40 muestra en este caso un nivel de calidad de 10 sobre 10 para el término de búsqueda: *inversiones alta rentabilidad*, esta valoración nos indica que pagando igual o incluso menor precio por clic que nuestra competencia, nuestro anuncio aparecerá por encima del resto de anunciantes con menor valoración.

Este apartado también nos aporta la información sobre la que está basada esta valoración, y encontramos que nos muestra los tres factores anteriormente indicados:

- **Relevancia de las palabras clave:** Si son palabras clave poco relevantes en relación a lo que ofrecemos la puntuación bajará, también si no tienen nada que ver los términos de búsqueda con el texto del anuncio.
- **Calidad de la página de destino:** No solo el aspecto, sino también la densidad de palabras clave, etiquetas y otros factores internos aumentan o disminuyen la puntuación de relevancia de nuestros anuncios.
- **Tiempo de carga de la página de destino:** Cuanto más rápido carga mejor, es ideal evitar poner objetos de carga pesada como elementos en Flash, vídeos y demás.

Siguiendo estas directrices **podremos tener campañas en la red de búsqueda de Adwords de Google muy efectivas que posiblemente nos harán obtener excelentes resultados**, dependiendo siempre de la competencia, la tendencia del producto que ofrezcamos y muchos otros detalles.

Publicidad de pago por clic: Adwords de Google, red Display de Google

La red Display a diferencia de la red de búsqueda atrae a mucha mayor cantidad de público pero este no es tan específico. Esto se debe a que existen una gran cantidad de páginas web afiliadas a la red Display. Es por eso que podemos encontrar portales con temática relacionada de manera indirecta, que para Google puede estar englobada dentro de la misma categoría general, pero que puede que a nosotros no nos aporten beneficios.

Por ejemplo, podemos tener una página web de venta de vinos, esta estaría dentro de la categoría de alimentación, paralelamente uno de los afiliados a la red Display de Adwords podría tener una página web de dietas, con secciones de cocina baja en calorías y recetas para adelgazar. Aunque el anuncio se mostrara miles de veces en este portal, es posible que no obtuviéramos ninguna compra desde dicho anuncio, ya que los visitantes que nos envía están informándose sobre dietas, y seguramente no tengan interés en ese momento en comprar vino, por lo que o no clicarán nunca sobre el anuncio, o bien cuando lo hagan no nos aporten beneficio alguno.

Para evitar estos problemas tenemos la opción de gestionar las ubicaciones de la red Display manualmente, es decir, podemos seleccionar una a una las ubicaciones en las que queremos que aparezcan nuestros anuncios desde la herramienta de ubicaciones y así descartar aquellos portales que no nos propicien beneficios.

Adwords de Google, políticas y marketing de afiliados

No todo el mundo puede anunciarse en Adwords de Google y en otras empresas de pago por clic. Antes de comprar anuncios por palabras clave en buscadores hay que leer las políticas de Adwords y así nos evitaremos alguna decepción. Además aunque Google lo permita podemos equivocarnos al crear una campaña de publicidad y encontrarnos con que el anunciante nos retira todos los beneficios. Esto puede ocurrir sobre todo en los programas de afiliados. **La mayoría de programas de afiliados tienen cerradas o restringidas las políticas de compra de palabras clave.**

Esto es porque ellos mismos se anuncian ya por medio de la compra de palabras clave en Google y Yahoo, y el hecho de tener competidores que venden su propio producto les encarece el coste de la publicidad y crea un serio riesgo de inhabilitación sus propias campañas.

A esto hay que sumar que **si anunciamos en Google una página que ofrece productos de un programa de afiliados que ya se anuncia en dicho buscador estaríamos incurriendo en una infracción por double serving**. Esta es una práctica abusiva que realizan algunos anunciantes y que consiste en anunciar los productos de la misma empresa desde diferentes páginas web con el fin de acaparar el mayor número de resultados de privilegio en el buscador. Google penaliza fuertemente a las empresas que realizan estas prácticas, inhabilitando sus servicios publicitarios para dichas empresas incluso de por vida.

Obviamente, si anunciamos nuestra propia tienda online, aunque otros vendan los mismos productos, tenemos todo el derecho del mundo a anunciarnos.

Por eso **antes de empezar una campaña de publicidad para una página web que ofrezca productos de otros anunciantes es obligatorio averiguar desde el mismo programa de afiliados si estos lo permiten,** y además comprobar que estos mismos anunciantes no aparecen ya en las redes de publicidad en las que nos queremos anunciar.

Nombre de la actividad	Categoría	Prepag	Palabras clave	Catálogo de productos	Tarifas					Perf
					VU	Clic	Registros	Ventas	90th EPC	Pro
1and1	Telecoms & Utilities, Computers & Electronics	No	Restringido	Sí				X	62,50	52,
Accorhotels	Travel	No	Restringido	Sí				X		
Acuista.com	Shopping & Retail	No	Restringido	Sí				X	2,09	0,0
ADSL-JazztelOnline	Telecoms & Utilities	Sí	Cerrado	No					102,22	80,
Aer Lingus ES	Travel	No	Restringido	No				X	30,87	31,
Agregadores_EURO	Telecoms & Utilities	No		Sí					4,38	0,0
Air France ES	Travel	No	Cerrado	No				X	0,00	0,0
Airberlin ES	Travel	Sí	Restringido	No					33,43	41,
Alquilerdecoches-online	Travel	No	Cerrado	No				X	0,00	0,0
Alternate	Telecoms & Utilities, Shopping & Retail, Computers & Electronics	Sí	Restringido	Sí				X	2,63	65,

Ilustración 41: Listado de anunciantes del programa de afiliación tradedoubler.com

Como podemos ver en la ilustración 41, la mayoría de anunciantes afiliados a este portal tienen o bien restringida, o cerrada la opción de comprar palabras clave. Si buscamos cualquiera de estas empresas en el buscador de Google podremos ver que en su mayoría aparecen en la zona destinada a publicidad del buscador.

Publicidad de pago por clic: Crear páginas de aterrizaje efectivas

Cuando pagamos por atraer público a nuestro portal lo lógico es que queramos obtener el mejor resultado posible de estas visitas. Posiblemente nuestro objetivo sea realizar ventas, conseguir el registro de usuarios, incluso obtener consultas de posibles clientes en la mayoría de las ocasiones.

Si nuestra publicidad envía al usuario a la portada de nuestro portal, o a una sección muy genérica es posible que el usuario termine por no cumplir nuestros objetivos. Es de lógica pensar que cuanto mayor es el número de acciones que pueda realizar el usuario de nuestro portal menor es la probabilidad de que realice la acción para la que enfocamos dicha publicidad.

Por esta razón nuestra mejor opción es estudiar y planificar cuidadosamente dónde envía nuestra publicidad a los usuarios que la siguen. Si queremos que un cliente compre determinado producto, para obtener los resultados deseados enviaremos a ese cliente a una página donde solo pueda comprar dicho producto o alguno similar, de la misma forma que si queremos conseguir los datos de un cliente lo enviaremos a un formulario de consulta.

Ilustración 42: Página de aterrizaje de cda24horas.com para mescacosmetica.com para Adwords de Google.

Pero además también podemos crear páginas especialmente creadas para que los usuarios cumplan determinados objetivos, son las llamadas páginas de aterrizaje. En este tipo de páginas el usuario solo tiene dos opciones, o realizar aquello para lo que está diseñada la página o salirse.

Este tipo de páginas destacan por su gran eficacia y nos permiten conseguir resultados que de otra forma nos sería mucho más difícil obtener. Las páginas de aterrizaje deben tener dos factores claves. Uno es que muestren toda la información de nuestro producto de forma visual y directa y dos, la posibilidad de adquirir el producto que se ofrece con facilidad y de forma muy visible.

Como podemos ver en la ilustración 42, esta página de aterrizaje tiene como objetivo lograr ventas para el portal de mercacosmetica.com. En la página ofrece información sobre el producto o servicio que se puede adquirir, que es en este caso un cupón descuento, y da la oportunidad a sus visitantes de solicitar dicho cupón con una operación sencilla que sería introducir dos datos en las correspondientes cajas de texto y pulsar el botón de envío. En este caso en concreto el cliente tan solo puede cumplir los objetivos marcados en la página web o salirse de la misma y buscar otra.

Para este tipo de páginas de aterrizaje el ratio de conversión es muy alto, ya que los clientes además están accediendo a un servicio que han estado buscando por el buscador y por lo tanto el éxito es mucho mayor que enviar a los posibles clientes a la página principal de nuestra web.

Una página de aterrizaje bien diseñada puede llegar a tener un éxito de más del 50% sobre las visitas recibidas.

Posicionamiento web (SEO)

La gran alternativa a la publicidad, necesaria y obligada

El posicionamiento web (SEO) es la propiedad de las diferentes páginas web de aparecer en los resultados de los primeros puestos de los buscadores en determinados términos de búsqueda de manera orgánica. Es decir, cuanto más cerca del primer puesto en los buscadores esté nuestro portal cuando un usuario busque una palabra o conjunto de palabras concreto (término de búsqueda) mejor posicionada estará nuestra página web para ese término de búsqueda en concreto.

Tanto si podemos anunciarnos en la red de búsqueda de Google como si no, **mientras estemos posicionados en el buscador vamos a aparecer siempre en las posiciones en las que nos encontremos posicionados**. Y lo mejor de todo es que cada vez que alguien entre en nuestra página a través de los resultados de búsqueda su coste será de cero Euros, es decir, el tráfico totalmente orientado a las palabras en las que esté posicionado un portal será gratuito.

Siguiendo con el ejemplo de los vinos, a continuación en la ilustración 43 podemos ver rodeados por un círculo los tres resultados que están en primera posición del buscador de Google de manera orgánica.

Estos tres resultados aparecerán siempre que los respectivos portales que se muestran cumplan una serie de determinadas características que propician que el buscador los muestre de forma natural. Además no tendrá coste alguno para los dueños de sus páginas web, ya que están posicionados de manera orgánica.

Los resultados orgánicos de los buscadores son los que estos ofrecen al calcular los resultados de búsqueda y aplicar el orden con el que se muestran dichos resultados mediante una serie de algoritmos con los que valoran la calidad, contenidos y fama del portal en relación a las palabras introducidas.

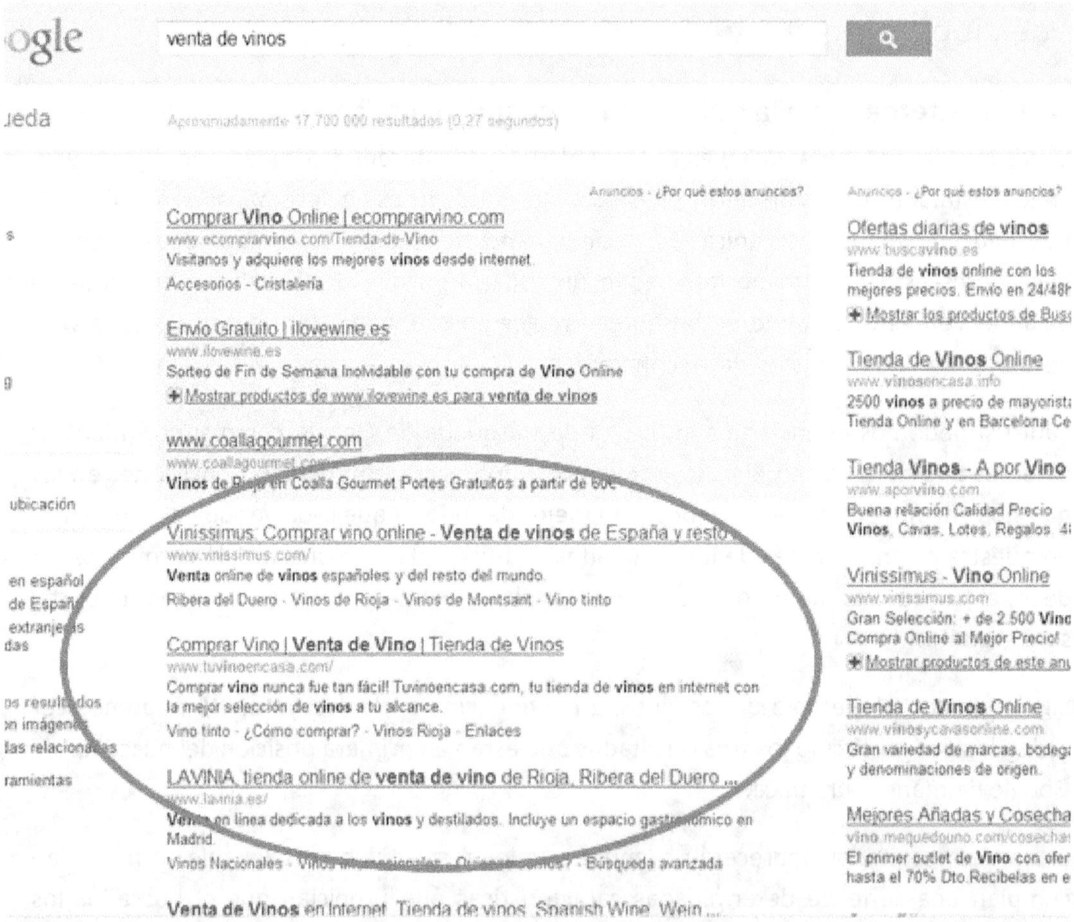

Ilustración 43: Búsqueda de los términos *venta de vinos* en Google

A esto hay que añadir que prácticamente el 90% del tráfico natural hacia una página web viene de buscadores, con lo que es lógico que aunque podamos llevar a cabo campañas de compra de palabras clave (Adwords) sea muy beneficioso tener nuestro portal posicionado en los lugares de privilegio de estos buscadores. Los beneficios de un negocio online aumentan exponencialmente en algunos casos en los que aparecen en posiciones de privilegio en los buscadores.

Cómo posicionar nuestra página web.

Podríamos dedicar un libro entero a este tema, de hecho existen diversos trabajos muy interesantes sobre posicionamiento web que tratan el tema exclusivamente y muy en profundidad. En esta guía vamos a **ver los puntos más importantes respecto al posicionamiento web y que os darán resultados satisfactorios**. Vamos a tratar estos puntos desde páginas web personalizadas y elementos editables como WordPress, Joomla y Oscommerce. Estos puntos vienen a ser:

1. Estudio de las palabras clave y la competencia.
2. Diseño de una estrategia de posicionamiento e indexabilidad.
3. Estructura interna. Etiquetas.
4. Estructura interna. Estructura de contenidos.
5. Estructura interna. Elementos HTML, tiempo de carga de la web y distribución de elementos.
6. Factores externos: Mapas del sitio e información de los buscadores.
7. Factores externos: Cómo conseguir una excelente red de enlaces.

Estudio de las palabras clave y la competencia

El primer paso para posicionar nuestra página web en los motores de búsqueda es conocer qué términos de búsqueda son efectivos en relación a los productos o servicios que ofrecemos. Es decir, qué términos de búsqueda introduce un potencial cliente de nuestra página web en los buscadores para llegar a encontrarla.

Para ello **es necesario realizar un estudio exhaustivo de todas las expresiones relacionadas directa e indirectamente con nuestra página web**. Existen herramientas que nos ayudarán a encontrar una gran cantidad de esos términos de búsqueda, y que a su vez nos aportarán otros datos como la competencia dentro de los buscadores, la rentabilidad e incluso la periodicidad con las que son efectivas las posiciones de privilegio en cada término de búsqueda.

Herramientas de análisis de términos de búsqueda en una campaña SEO

Las herramientas más utilizadas y fiables para realizar estos estudios van a ser las siguientes:

Herramienta de palabras clave de Adwords de Google: Como hemos explicado con anterioridad, esta herramienta nos ofrece los datos referentes a los resultados de búsqueda de las palabras clave relacionadas con cualquier término de búsqueda o página web relacionada que introduzcamos en su buscador. En ella nos indica datos realmente importantes, como la competencia que tenemos en cada término de búsqueda, el número de búsquedas mensuales a nivel local y global y sobre todo el precio.

Con estos datos en la mano podemos deducir que los términos de búsqueda más caros pueden ser los que mejores resultados nos aporten, pero **también hay que calibrar las**

ventajas e inconvenientes de cada uno de los términos de búsqueda por los que nos queremos posicionar.

En la ilustración 44 que aparece a continuación podemos apreciar los datos que aporta la herramienta de palabras clave de Google para el término de búsqueda "*cosmética*". Como podemos ver en esta búsqueda concreta, los términos más generalizados son los que mayor número de búsquedas tienen.

Palabra clave	Competencia	Búsquedas globales mensuales	Búsquedas locales mensuales	CPC aproximado
cosn	Medio	1.500.000	201.000	0,51 €

Ir a la página: 1 Mostrar filas: 100 1 - 1 de 1

Ideas para palabras clave (800)

Palabra clave	Competencia	Búsquedas globales mensuales	Búsquedas locales mensuales	CPC aproximado
maquillaje	Baja	4.090.000	1.000.000	0,48 €
maquillajes	Baja	4.090.000	823.000	0,47 €
cremas	Baja	2.740.000	823.000	0,45 €
perfumeria	Alta	1.500.000	550.000	0,35 €
estetica	Medio	3.350.000	550.000	1,19 €
belleza	Baja	2.740.000	450.000	0,93 €
los cosmeticos	Medio	1.830.000	246.000	0,45 €
cosméticos	Medio	1.830.000	246.000	0,42 €
avon	Medio	16.600.000	246.000	0,46 €
cosmético	Medio	1.220.000	165.000	0,53 €

Ilustración 44: Resultados de sugerencias de palabras clave de la herramienta de palabras clave de Adwords de Google

Es posible que un término de búsqueda sea muy efectivo en cuanto a nivel de resultados, pero al mismo tiempo sea también muy poco frecuente que se realice por parte de los usuarios.

Como podemos apreciar en la ilustración 45 que se muestra a continuación, el término de búsqueda "*comprar cosmética barata*" es un resultado muy valorado por los anunciantes, ya que el precio es elevado con relación al precio medio de este grupo de palabras, pero cuando observamos el número de búsquedas locales mensuales podemos ver que según los resultados de Google este término de búsqueda en concreto solo se realiza 120 veces al mes.

Este es un dato que nos hará replantearnos si vale la pena esforzarse en posicionarse en este término de búsqueda en concreto.

En cambio, encontramos otro término de búsqueda por un precio parecido y por lo tanto con un valor similar para los anunciantes en cuanto a efectividad que es *"comprar cosméticos online"*. Este término de búsqueda se realiza unas 1600 veces al mes con lo que posicionando nuestra página web en este término en concreto podríamos obtener hasta doce o quince veces más tráfico y por lo tanto más ventas que con el término de búsqueda *"comprar cosmética barata"*. Eso no impide para nada que podamos posicionarnos en los dos términos, aunque siempre con una clara preferencia con el que a igual valor, esfuerzo y competencia para posicionar nos aporte mejores resultados.

Para nuestra estrategia inicial es ideal crear un grupo lo más numeroso posible de términos relacionados con el contenido de nuestra web, que después podremos ir valorando por orden de preferencia y que podemos ir añadiendo poco a poco al portal con efectividad a medida que este va creciendo.

Palabra clave	Competencia	Búsquedas globales mensuales	Búsquedas locales mensuales	CPC aproximado
marcas cosmetica natural	Alta	720	720	0,76 €
cosmetica natural online	Alta	720	390	0,76 €
cosmeticos solares	Alta	320	140	0,76 €
cosmetica natural marcas	Alta	720	720	0,76 €
cosmètica natural	Alta	14.800	9.900	0,75 €
cosmetica solar	Medio	480	210	0,75 €
comprar cosmetica barata	Alta	140	110	0,75 €
venta cosmetica online	Alta	1.900	1.600	0,75 €
belleza cosmeticos	Medio	8.100	720	0,75 €
etiquetas cosmeticos	Medio	480	140	0,75 €
cosmetica natural profesional	Alta	110	91	0,75 €
cosmeticos venta online	Alta	2.400	1.600	0,74 €
comprar cosmeticos online	Alta	2.400	1.600	0,74 €

Ilustración 45: Parte de los resultados de la búsqueda anterior del término *cosmética* ordenados por CPC (coste por clic)

Herramienta de estadísticas de búsqueda de Google: Esta herramienta nos permite ver la tendencia de los usuarios en cuanto a búsquedas de determinados términos de búsqueda presentados de forma cronológica y con la posibilidad de catalogar los resultados por orientación geográfica. Además esta herramienta nos permite comparar los resultados de diferentes términos de búsqueda y nos muestra un ranking de los términos relacionados más buscados.

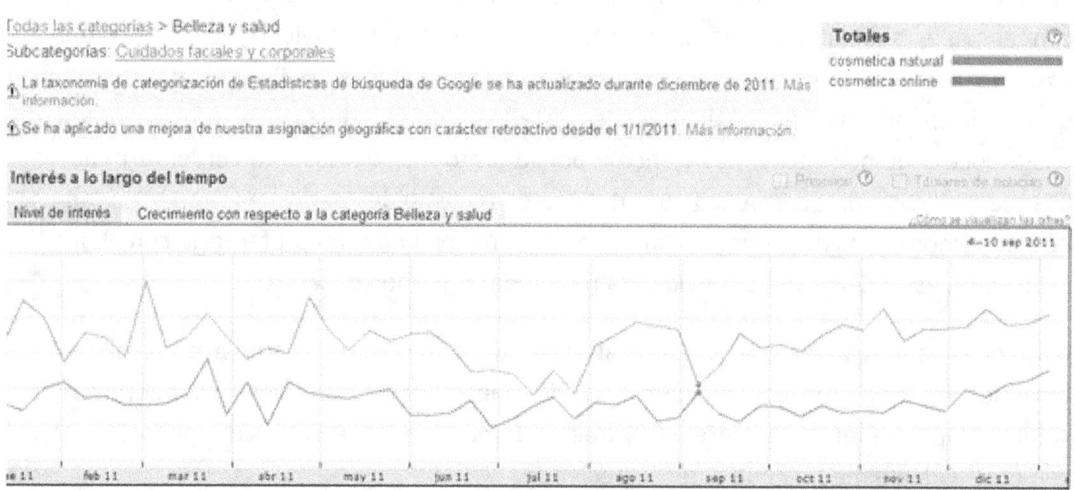

Ilustración 46: Estadísticas de búsqueda en Google en 2011 de los términos "*cosmética natural*" y "*cosmética online*"

Términos de búsqueda cosmetica

Búsquedas principales	Búsquedas más frecuentes	
1. cosmetica natural	1. blog cosmetica	+140%
2. productos cosmetica	2. cosmetica barata	+130%
3. cosmeticos	3. kiko cosmetica	+120%
4. cosmetica online	4. cosmetica mercadona	+50%
5. productos de cosmetica	5. cosmetica on line	+50%
6. corte ingles cosmetica	6. cosmetica hombre	+40%
7. comprar cosmetica		
8. cosmetica chanel		
9. cosmetica mercadona		
10. marcas cosmetica		

Insertar esta tabla

Ilustración 47: Resultados de los términos más relacionados con cosmética y los que mayor evolución presentan.

Como podemos ver en las ilustraciones 46 y 47, esta herramienta nos muestra la evolución de búsquedas de cada término de búsqueda en un intervalo de tiempo concreto. **Si seleccionamos todo un año podremos ver la llamada evolución estacional**

de algunos términos de búsqueda. Esta evolución se repite año tras año en determinados productos por ser estos característicos de unas fechas concretas.

Por ejemplo, si buscamos los resultados de cosmética solar, encontraremos que el número de búsquedas crece de forma significativa los meses de verano, o los resultados referentes a comprar perfumes o regalos, que se disparan a finales de Noviembre y sobre todo Diciembre, ya que los perfumes son uno de los regalos más comunes en navidad.

Además esta herramienta nos aporta las principales búsquedas relacionadas con cada término de búsqueda que analicemos y aquellas que más han evolucionado en las últimas fechas.

Es aconsejable tener en cuenta esos resultados también y combinarlos con los que nos aporten la herramienta de palabras clave de Google, entre las dos herramientas nos podremos hacer una idea mucho más concreta de para qué términos de búsqueda nos conviene trabajar con mayor intensidad y cuales dejar en segundo plano.

Herramienta del buscador de Google: Esta herramienta nos dará otro dato importante, que es la competencia real a la hora de posicionar nuestra página web en cada término de búsqueda.

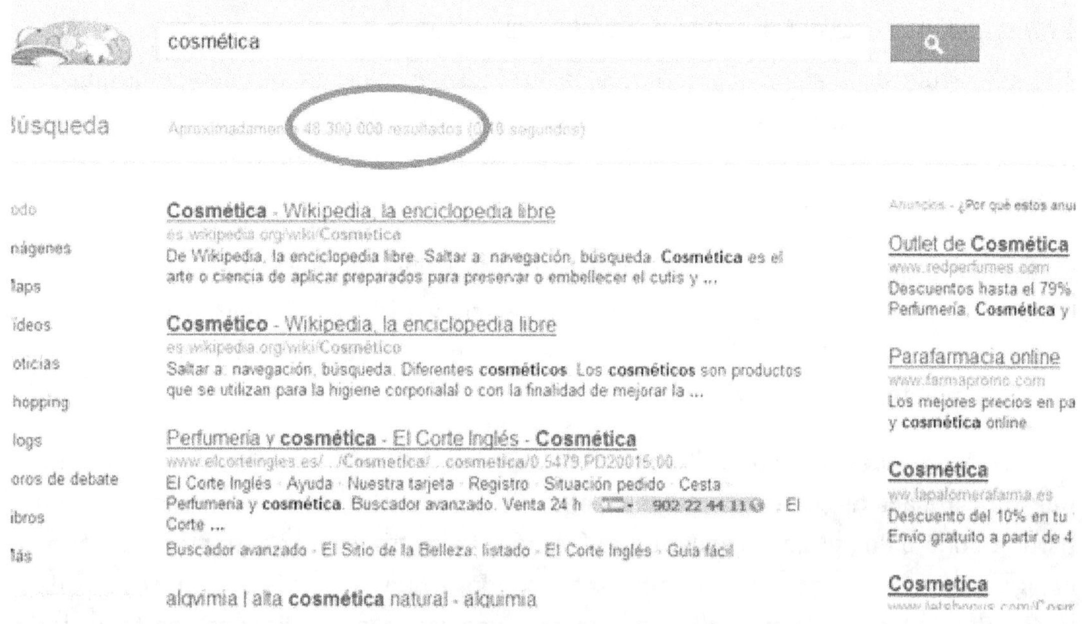

Ilustración 48: Resultados para la búsqueda de la palabra "*cosmética*" en el motor de búsqueda de Google

En la ilustración 48 podemos ver los resultados que ofrece Google al buscar la palabra "*cosmética*". Enmarcado en un círculo podemos ver que maneja 48.300.000 resultados. Esto significa que esa cantidad de páginas es con la que tenemos que competir si queremos que nuestra página web aparezca entre las primeras posiciones de los resultados de búsqueda de Google.

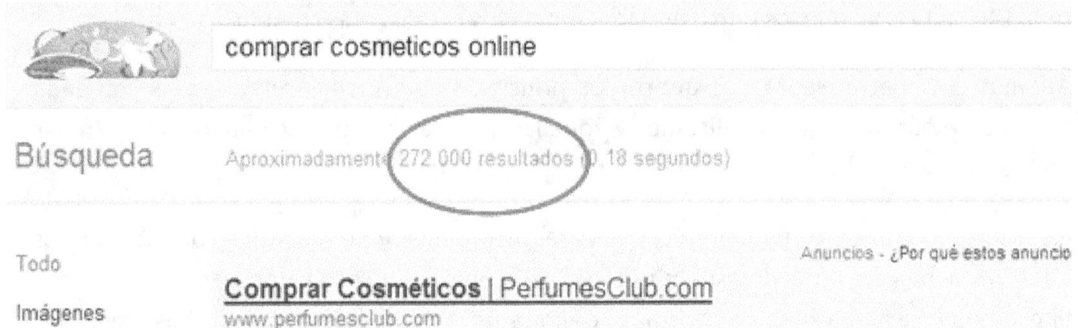

Ilustración 49: Resultados en la búsqueda "*comprar cosméticos online*" ofrecidos por el buscador de Google

En cambio, tal y como muestra la ilustración 49, para conseguir posiciones de privilegio en un término de búsqueda más específico como es "*comprar cosméticos online*" sólo hay que competir con 272.000 páginas, una cifra mucho menor y por lo tanto más asequible.

Depurar palabras clave evitando los términos genéricos

Además, siguiendo el ejemplo anterior, la palabra cosméticos es un término de búsqueda muy genérico. Los usuarios de buscadores han evolucionado, y con el paso del tiempo realizan búsquedas cada vez específicas que les permitan encontrar de forma más eficiente aquello que están buscando.

La tendencia de las búsquedas está derivando a términos de búsqueda cada vez más largos y concretos, con lo que cuanto más larga sea nuestra lista de términos de búsqueda y más concretos sean estos, mayor será la eficacia de nuestras campañas de posicionamiento.

Uno de los esquemas más utilizados para seleccionar la lista de palabras clave de nuestra campaña de posicionamiento es el de crear una estructura en árbol, en la que a partir de uno o dos términos genéricos referentes a nuestro sitio web, se ramifican otras categorías en términos más específicos formando grupos o familias de términos de búsqueda; de los que a su vez puede aparecer una segunda ramificación con todos los términos específicos finales, que serán los que suele buscar el usuario que busque nuestros productos de forma más concreta. A continuación en la ilustración: 50 se puede ver detallado un diagrama orientativo siguiendo con el ejemplo de los cosméticos.

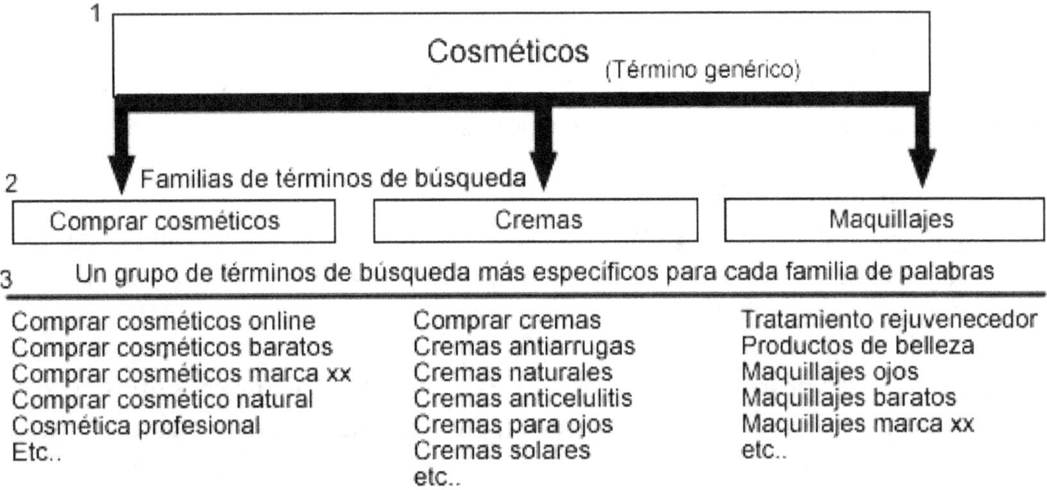

Ilustración 50: Ejemplo de un esquema en árbol de una planificación de selección de términos de búsqueda para una campaña de posicionamiento web

Podemos apreciar en este esquema tres grandes grupos de términos de búsqueda que presentan búsquedas muy concretas una a una. El fin de este esquema es planificar las campañas de posicionamiento de manera que cubramos todos los términos de búsqueda específicos (los que aparecen bajo el nivel 3) tal y como los tengamos enmarcados de mayor a menor prioridad.

Esto hará que cuando tengamos posicionada nuestra página web en los términos de búsqueda de cada grupo, o al menos en su mayoría, tengamos cubierto cada grupo completo de palabras, es decir, si cubrimos y posicionamos un portal por una parte importante de los términos de búsqueda que tenemos bajo el grupo "*comprar cosméticos*", es muy posible que tengamos cubierto el posicionamiento de dicho término también, pero aunque no lo tengamos vamos a estar presentes en un porcentaje elevado de las búsquedas que son realmente relevantes en relación con el término "*comprar cosméticos*".

Lo mismo ocurre con el resto de grandes grupos de palabras. Si conseguimos posicionarnos en los términos de búsqueda más efectivos estaremos recibiendo las visitas más relevantes del término de búsqueda genérico, que en este caso es la palabra "*cosméticos*" sin la necesidad de aparecer posicionado en los buscadores por ese término de búsqueda en concreto.

Estudio de la competencia

El siguiente paso importante antes de empezar a trabajar en una campaña de posicionamiento web es conocer qué hace la competencia. Nuestra competencia en estos casos son las páginas que aparecen en los primeros puestos de los resultados de los buscadores cuando se realiza una búsqueda por los términos de búsqueda que hayamos elegido y que ofertan productos o servicios similares a los nuestros.

Por ejemplo, si hemos elegido el término de búsqueda *"comprar cremas"*, nuestros competidores serán aquellos que estén posicionados entre los quince y veinte primeros puestos de los resultados del buscador al introducir el término *"comprar cremas"* y faciliten dichos productos.

Si estas páginas web ocupan estos puestos y están por delante de muchas otras en los resultados de los buscadores es porque cumplirán una serie de criterios que otras no están cumpliendo.

Por otra parte podremos apreciar que las páginas web que sí aparecen en esos puestos suelen tener características muy similares entre ellas que las hacen estar por encima de las otras. Es posible que en algunas características puedan coincidir totalmente incluso con otros portales que aparezcan en los puestos más atrasados de los buscadores, esto se debe a que algunos portales copian a los que ya están posicionados para conseguir esos primeros puestos.

Nuestro trabajo en esta fase será el de **encontrar qué diferencia a las páginas web bien posicionadas de las que no lo están para aplicarlo en nuestra campaña de posicionamiento en buscadores.** Para ello estudiaremos estos grupos de características (sobre las que hablaremos en profundidad) con gran atención:

- **Estudio del entorno de edición y de creación de la web:** Estudiaremos qué tipo de herramienta de gestión es la mayoritaria en las mejores posiciones. Si queremos atraer un público por medio de noticias veremos que nuestra herramienta de gestión de contenidos es Wordpress, en cambio, la mayoría de páginas web de venta online que aparecen en los primeros puestos de resultados en los buscadores suelen estar editadas por medio de Oscommerce, aunque una gran mayoría de puestos de privilegio en todos los resultados de los buscadores suelen ser de páginas hechas a medida.
- **Estructura interna. Etiquetas:** A estas alturas la gran mayoría de los portales intentan tener unas etiquetas de cabera muy optimizadas, buscaremos la estructura y densidad de contenidos que mejor se adapte.

- **Estructura de contenidos:** Es muy posible que veamos también que los primeros puestos en los buscadores tengan como páginas de destino portales con contenidos similares. Ver las diferencias respecto a los contenidos de otros portales peor posicionados es otra de nuestras tareas.
- **Factores externos:** Es posible que tengamos más de 100 páginas web muy similares en cuanto a los tres puntos anteriores, pero tendremos en los primeros puestos a unas en concreto y a otras no. Si en los factores internos no encontramos esas diferencias, es porque los buscadores también tienen en cuenta factores externos como el Page Rank de un sitio web, la frecuencia de actualización, los enlaces que la apuntan y muchos otros factores que no controla directamente el administrador del sitio.

Para analizar estos factores existen herramientas, que son las mismas que vamos a explicar a continuación en los apartados de posicionamiento web y que utilizaremos para analizar nuestra página web y poder enmendar errores y optimizar nuestro portal.

Planificación de una estrategia de diseño del portal orientada al posicionamiento e indexabilidad

Posicionando la web por fases

Ahora que ya conocemos los términos de búsqueda por los que queremos aparecer y hemos seleccionado el entorno en el que queremos crearnos nuestro portal, ha llegado el momento de planificar los pasos a seguir para alcanzar unas posiciones óptimas en los motores de búsqueda. Para esto seguiremos las siguientes fases.

1. **Selección del entorno de diseño:** Si no es un blog de noticias muy especializadas para lo que es más recomendable un entorno de gestión de contenidos como Wordpress o una tienda online para la que es ideal Oscommerce, siempre es recomendable crearnos nosotros mismos toda la página web, personalmente recomiendo la herramienta de edición Dreamweaber, de la que se puede adquirir licencia gratuita en algunos servicios de alojamiento. También se puede apreciar que incluso para en las páginas web de compraventa los entornos de administración personalizados son más potentes que un entorno Oscommerce a la hora de posicionar una página web.
2. **Nombre del dominio de la página web:** El nombre del dominio donde se alojará nuestra página web es muy importante por varias razones y debe tener dos características fundamentales que hay que tener en cuenta.
    1. Debe ser fácil de recordar y de relacionar con el producto.

2. Debe contener al menos uno de los términos de búsqueda principales por el cual queramos posicionar nuestra web.

Como podemos ver en la ilustración 51 en la que aparecen los resultados de la primera página al realizar la búsqueda de la palabra *"perfumes"*, todos los resultados que aparecen en estas posiciones tienen la palabra *"perfume"* incluida en su url tanto para los ofrecidos en la red de anuncios de Google como para los resultados naturales de posicionamiento que ofrece el buscador. Esto nos da una muestra de la importancia de tener la palabra clave más relevante introducida dentro del nombre de la url de nuestra página web.

Google perfumes

Búsqueda Aproximadamente 24 100 000 resultados (0,20 segundos)

Todo
Imágenes
Maps
Videos
Noticias
Shopping
Más

Onda
Cambiar ubicación

La Web
Páginas en español
Páginas de España
Páginas extranjeras traducidas

Anuncios - ¿Por qué estos anun

Perfumes Originales - Descuentos hasta 80%.
www.redperfumes.com
Perfumes, cosméticos y Maquillaje!

Perfumes24horas.com
www.perfumes24horas.com
Primeras Marcas en Fragancias Hasta -80%dto ¡envío Gratis!

Tu Perfumeria Online - Tus Perfumes a Domicilio.
www.perfumesclub.com
Hasta un 78% de Descuento. ¡ Infórmate !

Perfumes. Perfumes Mujer Hombre -50% -60% -70% Descuento ...
www.elbuenperfume.com/
Perfumes para mujer y hombre a precios muy económicos. Solo ofrecemos perfumes originales de marcas destacadas, nuestros perfumes tienen garantía y ...

Perfumes online | Comprar Cosmetica | Perfumeria
www.perfumesclub.com/
En Perfumesclub podras comprar perfumes y comprar cosmetica online. Tu perfumeria online con las mejores marcas originales al mejor precio. El outlet de ...

Ilustración 51: Resultados de la búsqueda perfumes en el buscador de Google

3. **Creación de una estructura para contenidos por palabras clave e indexabilidad de los mismos**: El siguiente paso es crear una estructura amigable dentro de nuestra página web, un esquema de contenidos que nos permita mostrar cada

contenido dentro de un entorno totalmente orientado a posicionarse en un grupo de términos de búsqueda concretos.

Además todas las páginas deben ser indexables para los buscadores. Cuando un robot explora una página identifica los enlaces que ésta tiene y sigue explorando también las páginas hacia las que apunta. Por lo tanto, todas las páginas deben ser accesibles desde algún enlace que se pueda seguir desde la portada de la web. Continuando dentro del ejemplo de los cosméticos, podemos crear una estructura que nos permita posicionar nuestra página web por cada marca de cosméticos, creando una sección sólo para los cosméticos orientados a cada tratamiento específico, secciones para los cosméticos de hombre, cosméticos de mujer, naturales, consejos de belleza etc....

Para que todas las páginas sean indexables, deberíamos apuntar a cada sección desde la portada, y a cada producto desde cada sección por medio de un enlace. También podemos usar mapas del sitio para indexar todas nuestras páginas como veremos más adelante.

4. **Introducción de los contenidos:** Introduciremos los contenidos relevantes de cada sección siguiendo los cánones de indexabilidad dentro de los buscadores hasta tener un portal definido (veremos los cánones de contenido en breve).
5. **Aumento de la popularidad de la web:** Una vez tenemos un portal amigable con los buscadores y efectivo en cuanto a rendimiento con los usuarios podremos decir que este tiene una identidad definida y hay que darlo a conocer, inclusión en directorios, intercambio de enlaces, anuncios y mucho más, cuantos más portales relacionados con nuestro campo nos apunten mejor.
6. **Actualización y ampliación de contenidos:** Si hemos llevado a cabo los cinco puntos anteriores de forma eficiente es muy posible que nuestra página web ya esté entre las mejor posicionadas dentro de los buscadores, así que para mantener esos puestos de privilegio deberemos poder actualizar contenidos y aportar novedades.

Estas son las pautas habituales para poder crear una página web y a su vez orientarla a una campaña de posicionamiento efectiva dentro de los buscadores. Puede darse el caso de tener la página web ya creada, y encontrarnos con la necesidad de cambiar muchas cosas para poder optimizar el portal, es por eso que **es aconsejable planificar la campaña de posicionamiento a la vez que se planifica la creación y diseño de la página web.**

Estructura interna de nuestra web. Etiquetas de cabecera

Todas las páginas de una página web son leídas de manera individual por los buscadores y tratadas como páginas independientes similares a como leeríamos las páginas de un único libro. Al igual que en los libros, cada página de un portal debe ser diferente del resto en su contenido, y eso incluye las etiquetas de cabecera de cada una.

Las etiquetas de cabecera **son partes del código que no son mostradas al usuario por el navegador pero que almacenan información relevante para los buscadores sobre cada página de la web**. En ellas podemos encontrar información sobre el autor, el título de cada página, la descripción, las palabras clave más relevantes que la caracterizan y muchos datos más.

Estas se encuentran anidadas dentro de etiqueta <HEAD></HEAD> de cada página web y las más relevantes se podrían representar dentro de la siguiente estructura:

```
<HEAD>

<title>Etiqueta del título</title>

<META NAME="Description" CONTENT="Descripción del sitio">

<META NAME="Robots" CONTENT="all">

<META NAME="Language" CONTENT="Spanish">

<META NAME="Name" CONTENT="nombre del sitio">

<META NAME="Revisit" CONTENT="1 days">

<META NAME="Keywords" CONTENT="palabras,clave,o términos de
búsqueda,separados,por,comas">

</HEAD>
```

Sólo con estas etiquetas en la cabecera correctamente optimizadas ya se pueden obtener resultados bastante satisfactorios de inicio. A continuación detallaremos cada una de las etiquetas más relevantes.

- **Etiqueta <tittle>:** Proporciona a los buscadores el título de la página web, es el texto que aparece en la barra superior del navegador y es conveniente que tenga una longitud limitada de hasta unos sesenta o setenta caracteres, ya que las bases de datos de los buscadores no almacenan mucho más texto en ese campo. En ella hay que incluir los términos de búsqueda principales por los que queremos que aparezca cada página. Es importante que estos estén lo más a la derecha posible en relación a su importancia y no es conveniente repetirlos excesivamente, entre dos y tres veces suficiente.

- **Etiqueta <META NAME="description" content="descripción de la página">:** Esta etiqueta proporciona la descripción de cada página web. En esta etiqueta podemos escribir una cantidad mayor de texto, recordando siempre que una longitud recomendada puede rondar los ciento ochenta caracteres. De la misma manera que en la etiqueta de título incluiremos términos de búsqueda relevantes en la descripción repitiéndolos entre dos y tres veces.
- **Etiqueta <META NAME="Keywords" CONTENT="palabras clave">:** Esta etiqueta está perdiendo relevancia según la opinión de muchos expertos en posicionamiento web. Aún así no está de más mantenerla dentro de nuestros contenidos.

  En esta etiqueta añadiremos entre quince y treinta términos de búsqueda que consideremos relevantes dentro de cada una de nuestras páginas web separados por comas. Se pueden repetir términos de búsqueda de una a otra página, pero es aconsejable poner por lo menos algunos específicos por página.
- **Etiqueta <META NAME="Language" CONTENT="Spanish">:** Es idóneo indicar siempre el idioma del sitio, aunque no sea totalmente relevante, ya que nos mejorará la clasificación en los idiomas determinados por esa etiqueta.
- **Etiqueta <META NAME="Revisit" CONTENT="1 days">:** Esta etiqueta indica a los robots cada cuanto tiempo tienen que volver a visitar nuestra página, es una etiqueta que no está de más, pero que se puede compensar su ausencia como veremos más adelante, cuando se solicitan peticiones de envío de página a los buscadores.

Existen muchas más etiquetas de cabecera que se pueden añadir y optimizar para el posicionamiento web, pero sobre todo **las etiquetas de título y descripción son imprescindibles y deben amoldarse a unos cánones amigables con los buscadores**.

Además otro dato a tener en cuenta es que los buscadores almacenan la información que proporcionan las etiquetas de cabecera o parte de ella de las páginas web y la utilizan también a la hora de mostrar los resultados de las búsquedas y de clasificarlos.

como adelgazar 5 kilos

Búsqueda — Aproximadamente 1.730.000 resultados (0.14 segundos)

Todo
Imágenes
Maps
Vídeos
Noticias
Shopping
Foros de debate
Más

Onda

Anuncio - ¿Por qué este anuncio?

Como perder 6 kg - Pierde ahora los **kilos** de más.
www.dietadukan.es/Dieta
¡Dieta Eficaz, Fácil y Rápida!

Como adelgazar 5 kilos en una semana Dietas para **perder 5 kilos ...**
www.cada24horas.com/dieta-5kilos.html
Como adelgazar 5 kilos en una semana Dietas para **perder 5 kilos** para adelgazar dieta disociada **adelgazar 5 kilos** comiendo bien dieta rápida para perder 5 ...
Dieta del arroz - Dieta quemagrasa - Dieta de 7 días - Dieta de la fruta

Hacer dieta » **Perder 5 kilos** en dos semanas
www.hacerdieta.com/...adelgazar/perder-5-kilos-en-dos-semanas/
Si necesitas bajar 5 kilos y sólo dispones de un par de semanas te recomendamos este método para **adelgazar 5 kilos** en 15 días. Perder esos kilos no te ...

Ilustración 52: resultados de búsqueda de "cómo adelgazar 5 kilos" **en Google**

Como se ve en la ilustración 52 en cada resultado de búsqueda Google al igual que la mayoría de buscadores ofrece la siguiente estructura:

1. Título de la página web resaltado en azul.
2. Url de la página de destino.
3. Descripción de la página web.

Además aparecen resaltadas en negrita las palabras que coinciden con los términos de búsqueda que ha introducido el usuario, consiguiendo de esa forma que los resultados que contengan esos términos destaquen a los ojos de los usuarios del buscador y por lo tanto atrayendo mayor tráfico a las páginas que muestran dichas palabras por encima de aquellas que no contienen esos términos de búsqueda.

Si observamos el código fuente de la primera página que aparece posicionada de forma orgánica (El código fuente de una página se puede ver a través de la barra de menú *página>>ver código fuente* en el navegador internet Explorer) podremos observar que el contenido de las etiquetas de título y descripción que aparecen enmarcadas con ambos círculos, coincide exactamente con el texto que nos ofrece el navegador en el resultado que apunta a dicha página. Figura 53:

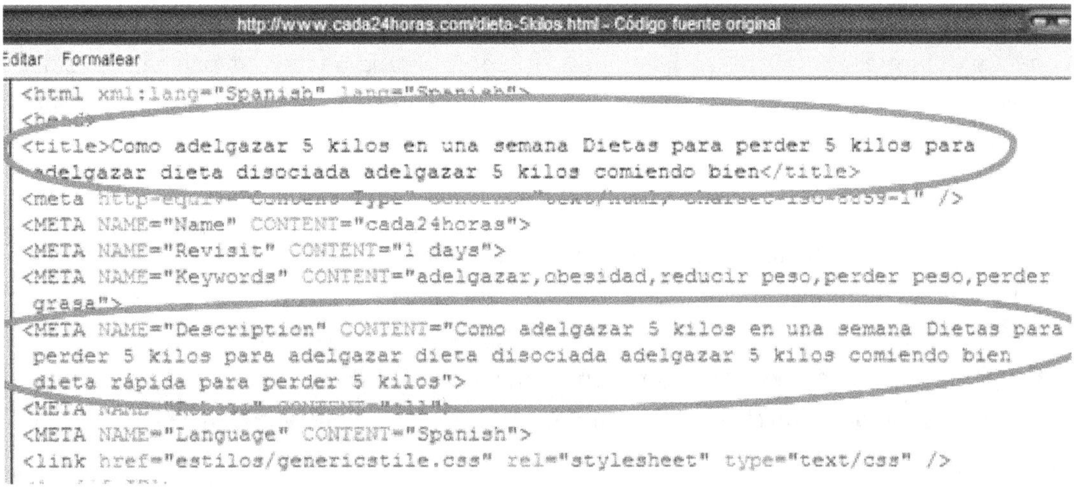

http://www.cada24horas.com/dieta-5kilos.html - Código fuente original

Editar Formatear

```
<html xml:lang="Spanish" lang="Spanish">
<head>
<title>Como adelgazar 5 kilos en una semana Dietas para perder 5 kilos para
adelgazar dieta disociada adelgazar 5 kilos comiendo bien</title>
<meta http-equiv="Content-Type" content="text/html; charset=iso-8859-1" />
<META NAME="Name" CONTENT="cada24horas">
<META NAME="Revisit" CONTENT="1 days">
<META NAME="Keywords" CONTENT="adelgazar,obesidad,reducir peso,perder peso,perder
 grasa">
<META NAME="Description" CONTENT="Como adelgazar 5 kilos en una semana Dietas para
 perder 5 kilos para adelgazar dieta disociada adelgazar 5 kilos comiendo bien
 dieta rápida para perder 5 kilos">
<META NAME="Robots" CONTENT="all">
<META NAME="Language" CONTENT="Spanish">
<link href="estilos/genericstile.css" rel="stylesheet" type="text/css" />
```

Ilustración 53: Impresión de pantalla con el código fuente de http://www.cada24horas.com/dieta-5kilos.html

Estructura interna de nuestra web. Estructura de contenidos

Además de las etiquetas de cabecera los contenidos de nuestra web deben tener una estructura ordenada que permita a los robots de los buscadores indexar dicho contenido otorgando una relevancia concreta a los términos de búsqueda que deseemos.

Esos contenidos estarán formados por una estructura, que será la del sitio web (menús, títulos generales, etc.) y por el contenido exclusivo de cada página en concreto (descripción del producto que se vende, reportaje o noticia concretos, comparativa de elementos etc.) que será el que por medio del cual posicionaremos esa página en los términos de búsqueda determinados para dicho contenido.

Siguiendo con el ejemplo de la web cada24horas.com, un portal normalmente tendrá el mismo menú lateral en sus páginas, la misma imagen de cabecera, pero diferentes contenidos en la zona central o en aquella zona que hayamos determinado para albergar el contenido exclusivo de cada página, pero todos ellos forman parte del contenido de cada una de sus páginas.

Es decir, todas las páginas de un sitio tendrán el mismo menú con el que acceder a sus secciones, pero sólo una de ellas tendrá información sobre una dieta en la que perder cinco kilos, o una receta de paella vegetariana.

Nuestra principal tarea será conseguir una estructura que además de seguir los criterios de usabilidad y estética por parte de los usuarios que ya hemos estado comentando en esta guía, el contenido de esta sea amigable y fácil de indexar para los buscadores.

Para conseguir esto es necesario volver a analizar el código fuente de la estructura inicial con la que daremos forma a la página web, así como a cada una de las páginas del sitio cuando analicemos los contenidos exclusivos. Analizaremos estos contenidos en formato de texto, ya que es lo más parecido a cómo ven nuestra página web los robots de los buscadores.

A continuación en esta ilustración 54 hemos enmarcado en dos círculos más delgados los menús lateral y superior de este portal. Estos se repiten a lo largo de todas las páginas del sitio, y por ello deben estar optimizados en cuanto a código, forma y contenido de palabras clave para permitirnos llegar al contenido exclusivo de cada página cuanto antes, ya que los buscadores dan más valor al contenido en orden en que acceden a él.

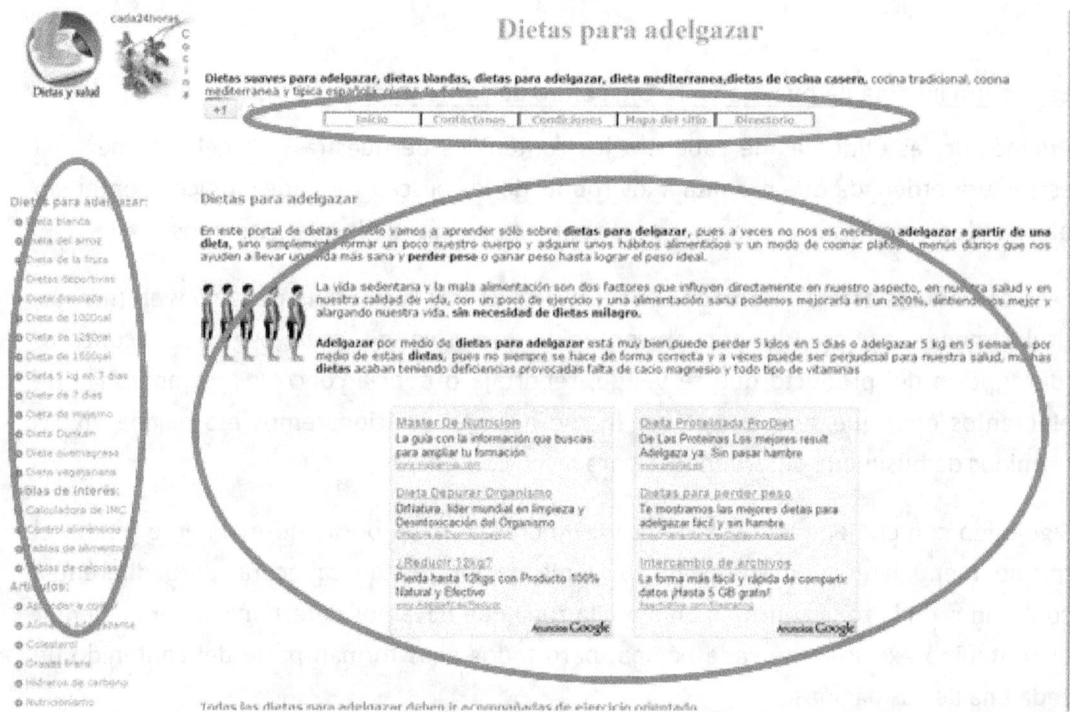

Ilustración 54: Portada de cada24horas.com

Además, enmarcado en el círculo más grande podemos ver el contenido específico de la página. Este contenido es único dentro de cada página de nuestro portal y es el que nos posicionará cada página en concreto en los términos de búsqueda definidos.

Para que este tipo de estructura sea efectivo debe haber la menor distancia entre el inicio de la página y el contenido específico. **Es importante evitar en la medida de lo posible la**

carga de Scripts, películas, Flash y elementos de programación. Los buscadores valoran el texto por encima de todos los demás contenidos ya que les es más sencillo relacionarlo con los criterios de búsqueda, así que **es de vital importancia que los robots de los buscadores lean todo nuestro contenido y lo relacionen con las palabras introducidas en las búsquedas.**

Si se han de insertar este tipo de elementos cuyo contenido los robots no pueden leer, se deben situar lo más lejos posible del principio de la página o en páginas creadas expresamente para esos contenidos.

La estructura de los menús debe ser sencilla y con el mínimo de efectos posibles, si utilizamos menús desplegables o en acordeón (SPRY) es preferible cargar la programación Java Script que los controla en la zona final del código y no dentro del contenido de la etiqueta <HEAD></HEAD> tal y como hacen muchos editores predefinidos.

La estructura más eficaz a la hora de elaborar un menú es insertarlo desde un archivo independiente y cargarlo dentro de una capa de la página web con la instrucción *include* por medio del lenguaje de programación PHP. En este archivo independiente guardaríamos el contenido del menú en el formato que más nos convenga, **la estructura de menú más usada y eficaz suele ser la de listas editadas a continuación por medio de los estilos CSS** para que se adapte a la estética de nuestro portal aunque una tabla bien definida también puede ser válida.

Esto además nos da la gran ventaja de poder cambiar el contenido del menú en todo el portal con cambiar un solo archivo en lugar de tener que ir cambiando página a página. Por lo tanto, aunque no tengamos conocimientos en el lenguaje de programación PHP es ideal guardar los archivos en formato PHP, es fácil aprender después cómo usarlo y nos aportará muchas ventajas.

Otra práctica habitual y recomendada para eliminar contenido no relevante dentro de nuestras páginas es editar todos los contenidos con estilos CSS desde hojas de estilos.

Por ejemplo queremos que determinados párrafos destaquen del resto del texto de nuestra página web y que para ello tengan las siguientes características:

- Estén alineados a la derecha
- Tengan como fuente Arial
- Sean rojos
- Tamaño 13px
- Se destaque el texto en negrita

Podemos aplicar estas propiedades en todos los párrafos que necesitemos de manera individual y podría quedar cada uno de ellos representado en el siguiente código:

<p align="left"><strong><font color="#FF0000" size="+1" face="Arial, Helvetica, sans-serif">**Texto del contenido**</font></strong></p>

O podríamos definir una clase dentro de nuestra hoja de estilos CSS con todas las propiedades y aplicar dicha clase a cada párrafo de la siguiente forma:

<p class="destacado">**Texto del contenido**</p>

Hay que pensar **que podemos tener varios grupos de contenidos que compartan propiedades, que en cada uno de sus elementos podemos recortar una pequeña cantidad de código gracias a los estilos CSS,** y que en global puede ser muy importante, ya que aumenta cada vez más el volumen de texto relevante dentro de cada página de nuestra web.

La estructura del contenido exclusivo de nuestro portal también debe amoldarse a las normas habituales de indexabilidad y amigabilidad de los buscadores. Debemos aportar la información en cada página eliminando en todo lo posible la distancia entre el principio de la página y el texto relevante de nuestra página.

La información compuesta por texto debe seguir también una estructura ideal que nos permita darle sentido al contenido. Todo párrafo debe ir precedido por sus cabeceras, las partes más importantes de nuestro contenido, a ser posible conteniendo palabras clave por las que queramos posicionar esa página, deben ir en negritas y cada cabecera deberá ir en la posición que le corresponda en relación a su importancia.

La estructura de url de nuestra página web debe ser de la misma forma amigable con los buscadores. Guardaremos los archivos de cada página con nombres amigables que contengan una o dos de las palabras clave más importantes de cada página en concreto. Si queremos tener más opciones podemos crear una carpeta que contenga cada una de las categorías por las que queremos aparecer y guardar dentro los archivos con nombres amigables para los buscadores.

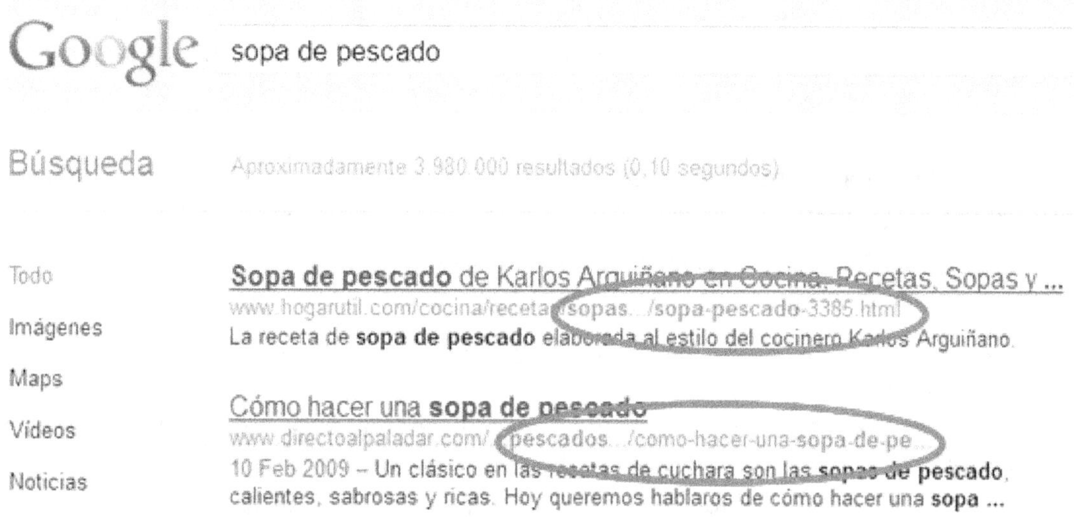

Google
sopa de pescado
Búsqueda
Aproximadamente 3.980.000 resultados (0,10 segundos)
Todo
Imágenes
Maps
Vídeos
Noticias
Sopa de pescado de Karlos Arguiñano en Cocina, Recetas, Sopas y ...
www.hogarutil.com/cocina/recetas/sopas.../sopa-pescado-3385.html
La receta de sopa de pescado elaborada al estilo del cocinero Karlos Arguiñano.
Cómo hacer una sopa de pescado
www.directoalpaladar.com/.../pescados.../como-hacer-una-sopa-de-pe...
10 Feb 2009 – Un clásico en las recetas de cuchara son las sopas de pescado, calientes, sabrosas y ricas. Hoy queremos hablaros de cómo hacer una sopa ...

Ilustración 55: Primeros resultados de búsqueda de *sopa de pescado en* Google mostrando las url amigables en los resultados

En la ilustración 55 se puede apreciar cómo los primeros puestos de esta búsqueda los ocupan portales que aunque el nombre de dominio no tenga nada que ver con los términos de búsqueda, sí destacan estos términos de búsqueda gracias a haber guardado los archivos con las palabras clave por las que se quiere aparecer, o dentro de carpetas nombradas con los términos de búsqueda en los que se quiere destacar.

En este caso el portal hogarutil.com ha creado una carpeta para posicionar sus páginas de la categoría *sopas* y en concreto el archivo *sopa-pescado-3385.html* para la búsqueda sopa de pescado. Por otro lado el portal directoalpaladar.com ha realizado la misma maniobra para la categoría *pescados y mariscos* en concreto con el archivo *como-hacer-una-sopa-de-pescado* dentro de la carpeta pescados.

<u>Estructura interna de nuestra web. Elementos HTML</u>

Existen cientos de etiquetas en el lenguaje de diseño web HTML, pero las que aportan mayor relevancia a los buscadores en cuanto a la relevancia del contenido de nuestra página web son las que contienen el texto y que por lo tanto podemos editar, cambiar y optimizar.

El texto que presentamos dentro de una página determinada debe a su vez estar estructurado por medio de estas etiquetas de la misma manera que presentamos cualquier redacción de contenidos, es decir, un contenido podría estar formado por los siguientes elementos:

- **El título principal**: Lo incluiremos dentro de las etiquetas <H1></H1>. Debe ser un título corto y descriptivo en el que se encuentre una o varias de las palabras clave por las que queremos posicionar dicha página. Es aconsejable usar uno por página.
- **Subtítulos y títulos de párrafo**: Serán descripciones del contenido del párrafo que venga a continuación. Debemos usar tanto las etiquetas <H2></H2> como <H3></H3>. Podemos usar frases descriptivas un poco más largas, y en ellas también es aconsejable utilizar las palabras clave que tengamos asignadas a esa página. Estas etiquetas es aconsejable usarlas siempre que podamos antes de los párrafos.
- **Párrafos**: Es donde introduciremos la mayoría del contenido en formato texto del sitio, también es ideal añadir las palabras clave por las que queramos posicionar esa página en una densidad de cada cien o ciento cincuenta palabras. Es aconsejable poner muchos párrafos separados que agrupar todo el texto en un solo párrafo. Usaremos la etiqueta <P></P> para señalar los párrafos.
- **Negrita:** Pondremos entre las etiquetas de negrita <STRONG></STRONG> el contenido que queramos destacar e intentaremos que siempre contenga las palabras clave más importantes por las que queremos posicionar esa página en concreto ya que los buscadores consideran el texto destacado como más importante.
- **Enlaces internos:** Son aquellos que conducen a otra página dentro de la misma web. Estos deben tener un *Anchor* (es el texto que pulsamos para acceder al contenido de ese enlace) que contenga algunas de las palabras clave por las que queremos posicionar la página hacia la que apunta. Utilizaremos también el parámetro Tittle="" del enlace para reforzar la relevancia de las palabras con las que apunta dicho enlace a la página en concreto.

  Por ejemplo, si queremos enlazar a una de nuestras páginas internas la cual queremos que se posicione en los buscadores por los términos *"recetas de carne de Buey asado"* uno de los códigos ideales para crear un enlace totalmente optimizado para buscadores sería el siguiente:

  <a href="recetas-de-carne/buey-asado.php" Tittle="Cómo preparar la receta de carne de Buey asado">**Receta de Buey asado**</a>

  En este ejemplo vemos cómo la dirección del archivo al que apunta *href="recetas-de-carne/buey-asado.php"* contiene un texto totalmente amigable, el título del enlace *Tittle="Cómo preparar la receta de carne de Buey asado"* refuerza ese texto incluyendo también las palabras clave y finalmente el Anchor del enlace

Receta de Buey asado que en conjunto forman un indicador de lo que contiene la página hacia la que apunta este enlace.

- **Enlaces externos:** Un enlace externo es aquel que conduce al usuario a una página fuera de nuestro sitio web. Salvo que tengamos algún interés en la página de destino, es aconsejable usar el parámetro rel="" del enlace con el valor NoFollow (no seguir) de la siguiente forma: rel="NoFollow" en todos los enlaces externos de nuestro portal.

  Esto indica a los robots de los buscadores que no sigan ese contenido pues no forma parte importante de nuestra web o no tiene valor para nuestros contenidos. Esto es útil sobre todo para evitar posicionar directamente las páginas web de nuestros anunciantes y se podría usar así:

  <a href="webexterna.com" Tittle="Cómo preparar la receta de carne de Buey asado" rel="nofollow">**Receta de Buey asado**</a>

  Con este parámetro estamos evitando que mejore el posicionamiento de páginas desde nuestra página web. Otro caso que podremos considerar como una excepción es si tenemos algún tipo de acuerdo con el propietario de la web de destino como podría ser intercambio de enlaces o venta de publicidad, además de enlaces para otros portales que nos pertenezcan, pero si no es así, es aconsejable usar siempre *NoFollow* para enlaces externos.

- **Imágenes:** Las imágenes vienen definidas por la etiqueta <IMG> pero aunque estas contengan texto, este no puede ser leído por los robots de los buscadores. Aún así dentro de las etiquetas de definición de las imágenes también podemos incluir texto, y este además puede ser de gran relevancia.

  Al igual que con los enlaces la url de la imagen deberá ser amigable con los buscadores, en cuanto al texto, lo incluiremos dentro del parámetro Alt de la etiqueta <IMG>. Siguiendo el ejemplo de la receta del Buey asado podría ser de la siguiente forma:

  <IMG src="imágenes/buey-asado.jpg alt="Plato de Buey asado siguiendo nuestra receta">

  En este ejemplo vemos que usamos la url amigable: *src="imágenes/buey-asado.jpg"* e introducimos texto que sí pueden leer los robots de los buscadores a la descripción de la imagen: jpg alt="Plato de Buey asado siguiendo nuestra receta".

Siguiendo estas directrices podemos tener contenidos muy ordenados que se ajusten a todos los cánones de optimización para buscadores y nos será mucho más fácil posicionar nuestra página web.

Factores externos para el posicionamiento en buscadores

Mapas del sitio herramientas web máster e información de los buscadores

Cuando ya tenemos nuestra página web optimizada para los usuarios y amigable para los buscadores llega el momento de darla a conocer en los principales motores de búsqueda.

Existen cientos de buscadores en internet, pero centraremos nuestros esfuerzos en los más usados, ya que son los que nos aportarán la mayoría del tráfico de calidad a nuestra web.

Podemos empezar dando de alta nuestra página web en los siguientes buscadores y directorios: Google, Yahoo, Live (Msn), Dmoz, Searchmash, Wikia Search, A-9, Powerset, Ask, Altavista, Scroogle, Hakia, Gennio, Chacha, Snap, Carrot, Wotbox, Accoona, Mooter, Gigablast, Kartoo, Metacrawler, Ixquick, Clusty y Dogpile entre otros.

Entre estos buscadores se centra gran parte del tráfico de búsqueda de internet, principalmente en Google, Yahoo, Bing , Dmoz, que será uno de nuestros prioritarios a la hora de enviar nuestro sitio en cuanto a directorios. Ampliaremos la lista de directorios cuando iniciemos nuestra campaña de adquisición de enlaces.

Para enviar nuestro sitio cada buscador tiene su herramienta de envío de página, estos enlaces conducen en la actualidad a las páginas de envío de los principales buscadores:

- http://www.google.com/addurl/
- http://www.bing.com/toolbox/webmaster (Bing y Yahoo)
- http://www.dmoz.org/docs/es/add.html (Dmoz)

Para dar de alta nuestra página web a los buscadores enviaremos solamente la url de la página principal. A partir de esa página principal los robots de los buscadores encontrarán el resto de páginas internas siguiendo los enlaces que encuentren, además podemos enviar las páginas internas de nuestra web por medio del envío de los mapas del sitio y solicitudes de rastreo a los robots.

El envío de los mapas del sitio más relevantes actualmente para el posicionamiento de nuestras páginas dentro de los buscadores los realizaremos en las siguientes páginas:

- www.google.com/webmasters/tools/?hl=es
- http://www.bing.com/toolbox/webmaster (Bing y Yahoo)

Estas dos herramientas web son entornos de gestión que nos permiten enviar datos relevantes de nuestras páginas web y a su vez nos aportan datos útiles para la correcta gestión y análisis de resultados de nuestros portales.

El proceso en el cual enviamos todo el contenido de nuestro portal es sencillo para los dos entornos de envío de información.

En primer lugar crearemos una cuenta en cada uno de los sitios. A continuación añadiremos nuestro sitio enviando la url principal tal y como indican las instrucciones de los editores. Una vez agregada deberemos verificar la propiedad de nuestro sitio. Para verificar la propiedad de nuestro sitio existen dos métodos sencillos y rápidos.

Subir un archivo a la raíz de nuestro sitio: Por medio de este método nos descargamos un archivo de verificación de propiedad que subimos a la raíz de nuestro sitio, en cuanto la herramienta comprueba la existencia de dicho archivo nuestra propiedad sobre el sitio queda verificada.

Agregar una etiqueta de cabecera: Por medio de este método agregamos una etiqueta a la cabecera de la página principal de nuestro sitio con el código de identificación proporcionado por cada entorno, en el momento en que queda agregado ese código se puede verificar la propiedad del sitio.

A título personal prefiero agregar un archivo a la raíz del sitio, ya que aunque sea poco, a medida que vamos agregando etiquetas podemos llegar a tener demasiado código acumulado en nuestro índice con el paso del tiempo y la aparición de nuevas herramientas que precisen de verificación.

Una vez verificada la propiedad de nuestros sitios viene la parte más importante a la hora de usar este tipo de herramientas. Por medio de los mapas del sitio podemos enviar todo el contenido de nuestro portal a estos buscadores de la forma más sencilla.

Un mapa del sitio es un archivo que contiene toda la información de las páginas del sitio que son accesibles partiendo de la raíz del mismo o que estén enlazadas desde otras páginas a las que se pueda llegar desde dicha raíz.

Existen cientos de portales y aplicaciones que nos permiten crear de manera automática los mapas del sitio o también llamados *sitemaps* de nuestra página web. Muchos de ellos nos crean además los mapas del sitio en diferentes formatos y con diversas extensiones de archivo todas ellas reconocibles por los robots de los buscadores.

Please enter details for sitemap generation

Starting URL

Please enter the **full** http address for your site, only the links within the starting directory will be included.

http://

Change frequency

None

Last modification

None
Use server's response
Use this date/time: 2012-01-16 12:39:06

Priority

None Automatically Calculated Priority

Check your settings and click button below

Start Maximum **500** pages will be indexed in sitemap

Need to index more? Check our Standalone version of Google sitemap generator with **unlimited** number of pages for crawler.

Ilustración 56: Formulario de creación de mapas de sitio de xml-sitemaps.com

Algunos de estos archivos podrían llegar a dar errores si no son configurados correctamente. Uno de los portales más eficientes e intuitivos de usar a la hora de crear mapas del sitio es xml-sitemaps.com, que con solo rellenar un pequeño formulario nos crea los mapas del sitio necesarios para poder enviar todas las páginas de nuestro sitio a los buscadores.

En la ilustración 56 vemos una imagen del formulario de solicitud de creación de mapa del sitio que nos ofrece el portal xml-sitemaps.com. Este portal nos crea diferentes mapas del sitio, los mapas del sitio que suelen funcionar mejor y no dan errores por regla general son el archivo urllist.txt y sitemap.xml.

El archivo urllist.txt es un archivo de texto que muestra línea a línea todas las url del sitio a las que puede acceder el robot siguiendo los enlaces que encuentra a partir del índice de la web.

Un ejemplo de la estructura de urllist.txt sería el siguiente:

http://www.webejemplo.com/

http://www. webejemplo.com/pagina1.html

http://www. webejemplo.com/carpeta1/pagina2.php

http://www. webejemplo.com/pagina3.html

http://www. webejemplo.com/pagina4.html

Y así sucesivamente hasta cubrir todas las páginas a las que pudiera acceder por medio de enlaces y partiendo de el archivo de la raíz del sitio.

El archivo sitemaps.xml tiene un formato ligeramente diferente. En este archivo se muestran también todas las url del sitio pero en cada una aparece adicionalmente información relativa a cada una de ellas, como la última vez que se actualizó, la prioridad de cada archivo o cada cuanto tiempo es aconsejable que el robot vuelva a explorar la página etc.... El formato de la información transmitida por este archivo es la siguiente:

```
<url>

  <loc>http://www. webejemplo.com/</loc>

  <lastmod>2011-09-28T10:50:06+00:00</lastmod>

  <changefreq>daily</changefreq>

  <priority>1.00</priority>

</url>

<url>

  <loc>http://www. webejemplo.com/pagina1.html</loc>
```

```
 <lastmod>2011-09-28T10:50:06+00:00</lastmod>

 <changefreq>daily</changefreq>

 <priority>0.80</priority>

</url>

<url>

 <loc>http://www. webejemplo.com/carpeta1/pagina2.php</loc>

 <lastmod>2011-09-28T10:50:06+00:00</lastmod>

 <changefreq>daily</changefreq>

 <priority>0.80</priority>

</url>
```

Como podemos ver la información de cada una de las url está dentro de las etiquetas <URL></URL> y debe ir correctamente editado para evitar errores al enviar los mapas del sitio a los buscadores.

Una vez creados los mapas del sitio debemos subirlos a la raíz del mismo y enviarlos periódicamente actualizados cada vez que realicemos cambios o ampliaciones en nuestro portal. Es aconsejable actualizar los mapas del sitio y enviarlos de manera regular para conseguir mantener al día a los buscadores con respecto a todos los cambios en nuestro sitio.

Una mención aparte merece **el archivo sitemap.html, este archivo es una página dentro de nuestro sito que debe contener enlaces a todas las páginas de nuestro sitio**. A su vez es ideal que esté enlazado desde la mayor parte de páginas posibles del sitio. Este archivo sirve tanto para que los usuarios puedan encontrar cualquier servicio que proporcionemos como para que los buscadores puedan seguir todos los enlaces a nuestras páginas y por tanto indexarlas correctamente sin dejarse ninguna.

Corrección de errores y optimización de nuestra web

Otra de las ventajas que nos brindan los entornos de gestión es la posibilidad de valorar los resultados de nuestras campañas de posicionamiento y optimización de páginas web. Partiendo de herramientas Web Máster de Google tenemos la oportunidad de encontrar errores con facilidad en caso de cometerlos.

Herramientas Webmaster de Google

Utilizando las siguientes herramientas sabremos si alguna de las páginas de nuestro sitio incumple alguno de los criterios de calidad que le impidan subir posiciones en los buscadores como podrían ser:

Software malintencionado: Analiza si tenemos algún tipo de software malintencionado que pueda dañar el equipo de nuestros usuarios y bloquea los resultados de las páginas en las que lo detecta advirtiendo a los usuarios. En caso de tener alguna página que albergue el llamado código malintencionado en nuestros archivos deberemos eliminarlo y enviar una solicitud de revisión para que Google vuelva a mostrar nuestra página con normalidad en sus resultados.

Sugerencias HTML: Analiza las cabeceras de nuestra web y nos indica si tenemos alguna etiqueta de descripción o de título demasiado larga, demasiado corta o duplicada. Este es uno de los errores más comunes de cometer y el más sencillo de solucionar.

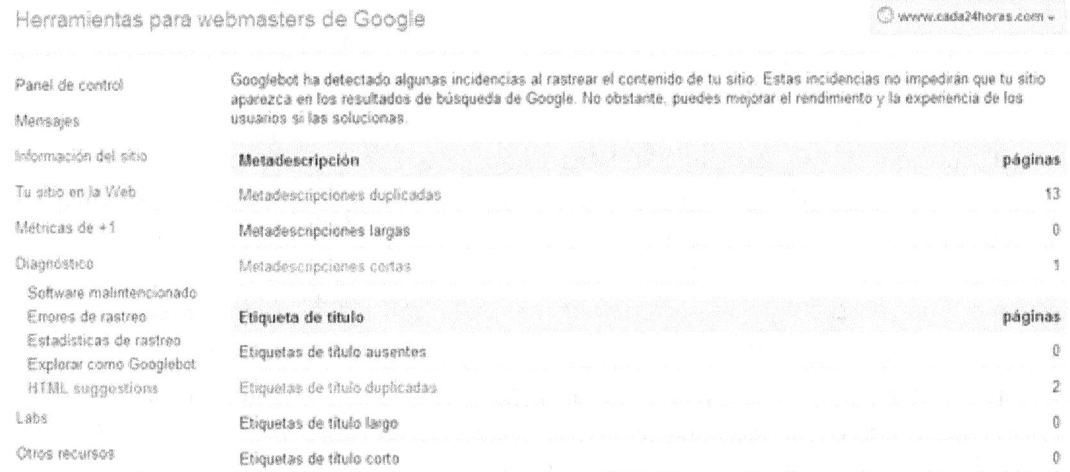

Ilustración 57: Sugerencias HTML en Herramientas Webmaster de Google

Simplemente debemos corregir el error en el archivo indicado, enviarlo para explorar de nuevo desde la **sección Explorar como Googlebot** y una vez explorada enviarla al índice desde la misma herramienta.

Además de estos datos también podemos encontrar información relevante respecto a nuestra página web como las estadísticas de búsqueda, número de enlaces que nos apuntan desde otras páginas o enlaces internos que contienen las páginas de nuestro propio portal.

Uno de los datos más interesantes de analizar es el relativo a las estadísticas de búsqueda. Estas estadísticas nos muestran la posición media de las páginas de nuestra web en cada término de búsqueda por el que aparecemos en el buscador junto al número de búsquedas mensuales en las que aparecemos, el número de clics generados, el CTR y el intervalo de estos datos respecto al mes anterior.

Consulta	Impresiones	Cambio	Clicks	Cambio	CTR	Cambio	Posición media	Cambio
ejercicios abdominales	10.000	↓ -17%	50	↑ 43%	0%	↑ 0,2	42	↑ 6,0
ejercicios para hombros	6.500	↑ 18%	400		6%	↓ -1,0	14	↓ -1,0
ejercicios para espalda	6.500		150	↓ -12%	2%	↓ -0,3	41	↓ -3,0
hombros	4.500		30	↓ -14%	1%	↓ -0,1	18	↓ -5,0
ejercicios para hombro	3.000	↑ 20%	170	↑ 13%	6%	↓ -0,3	11	↑ 5,0
ejercicios de hombros	3.000		150		5%		16	↑ 10
ejercicios hombros	3.000		90	↑ 29%	3%	↑ 0,7	14	↑ 9,0
ejercicios para triceps	3.000	↑ 233%	30	↑ ∞	1%	↑ 1,0	31	↑ 20
estiramientos espalda	2.500	↓ -29%	35	↓ -42%	1%	↓ -0,3	5,6	↑ 1,0
estiramientos	2.500	↓ -69%	30	↓ -14%	1%	↑ 0,8	75	↓ -6,0
ejercicios espalda	2.500	↑ 92%	22	↓ -27%	1%	↓ -1,0	23	↓ -4,0

Ilustración 58: Estadísticas de búsqueda de tufigura.es del 14 de diciembre de 2011 al 13 de Enero de 2012

En la ilustración 58 he seleccionado estas estadísticas concretas porque nos aportan todos los elementos posibles a analizar en cuanto a estadísticas de consultas de búsqueda y lecturas que podemos encontrar.

Hay que tener en cuenta a la hora de analizar estos datos que **los resultados de una campaña de posicionamiento web no se pueden valorar de un día para otro**, y que cada cambio significativo debe analizarse con un espacio de tiempo amplio que nos dé una visión global. Los resultados generados por cambios realizados mes a mes se suelen apreciar bastante mejor que si medimos día a día. Con estos análisis de resultados podemos valorar los diferentes factores que pueden llamar nuestra atención y que son los siguientes:

Aumenta el número de impresiones, el número de clics y la posición de nuestra página en un término de búsqueda: Pues bien, ninguna objeción, eso significa que estamos realizando correctamente nuestro trabajo en esa página en concreto que aparece en dicho término de búsqueda y hay que seguir en ese camino. Podemos ver en el término "ejercicios para hombro" un ejemplo de un término de búsqueda en el que nos posicionamos satisfactoriamente y que además consigue un CTR bastante bueno.

Baja el número de impresiones pero sube la posición media: Cuando es una caída de impresiones significativa, a partir del 10% es merecedora de un análisis de las circunstancias, sobre todo si vemos que estamos mejorando en cuanto a la posición media. He escogido este ejemplo para que se pueda apreciar mejor. El término de búsqueda es *"ejercicios abdominales"* y la época coincide en las fechas navideñas, en las que la mayoría de usuarios están más ocupados dedicando tiempo a las vacaciones navideñas y mucho menos tiempo al deporte, por lo que no había que preocuparse por el hecho de tener menos impresiones, pues la página sigue mejorando sus posiciones y en cuanto cambie la tendencia del público recibirá mucho más tráfico.

Número alto de impresiones y mejora en la posición media pero CTR muy bajo: Siguiendo con el resultado de búsqueda de *"ejercicios abdominales"* podemos ver que a pesar de tener muchas impresiones en el buscador recibe pocas visitas. Esto puede ocurrir por dos cosas, por ejemplo aquí podemos ver que en este resultado de búsqueda la web tiene una posición media de 42, con lo que aparecerá entre las posiciones 36 y 46 del buscador de media, y en muchos casos, sobre todo en los que aparece entre la posición 36 y la 40 **nuestra web aparece en los últimos puestos de la página 4 del buscador cuando está mejor posicionada**, con lo que es posible que en los cinco primeros resultados de esa página el usuario ya haya encontrado lo que busca. La solución a este problema es seguir mejorando el SEO para ese resultado y entonces obtendremos mucho más tráfico en relación a las impresiones en el buscador ya que al subir puestos en los resultados de búsqueda apareceremos en zonas de mayor interés para los usuarios.

Por otro lado **podría darse el caso de que los datos que ofrece nuestro buscador de nuestra página web, que son el título y la descripción, no atraigan al usuario** del buscador. Para evitar esto hay que crear títulos atractivos para el usuario, que llamen su atención con frases correctas y bien estructuradas.

Sube el número de impresiones y de visitas pero baja la posición media: Si la posición media baja menos de un 10% no es motivo de gran preocupación, aunque si lo hace dos meses seguidos y en más de un término de búsqueda deberemos prestar atención y ver sobre todo qué hace nuestra competencia en esos términos de búsqueda, pues puede que nuestra competencia directa esté creciendo más rápido que nosotros y debamos intensificar las campañas de posicionamiento.

Optimizar código con Page Speed

Además de las herramientas online tenemos una excelente herramienta de análisis de nuestras páginas web que nos permite optimizar código interno, tamaño de imágenes, cómo de archivos CSS y una gran cantidad de elementos más, para darle mayor velocidad a nuestras páginas web y optimizarlas de cara a los buscadores. **Esta herramienta se llama Page Speed y se instala directamente en el navegador FireFox.**

Una vez instalada esta herramienta se sitúa en la parte superior o inferior de la barra de herramientas del navegador y es accesible por medio de un botón que contiene un pequeño insecto.

Al pulsar sobre el botón se activa la herramienta que nos permite analizar la página en la que está el navegador en ese momento. Podemos ver el icono enmarcado con un círculo en la ilustración 59. Si una vez instalada la aplicación no vemos el icono puede que se deba a que a veces se instala en la parte inferior del navegador.

Ilustración 59: Parte izquierda de la barra de herramientas de FireFox con Page Speed instalado.

Cuando lanzamos un análisis a la página web en la que nos encontramos con el programa Page Speed, este nos ofrece los resultados del análisis de más de veinte criterios que pueden acelerar la velocidad de descarga de nuestra página, y por lo tanto optimizarla tanto para los usuarios como para los buscadores.

Además de indicarnos cuales son los criterios que podemos mejorar, este robot también nos ofrece la posibilidad de obtener el archivo equivalente al que tenemos ya optimizado, tanto en estilos CSS como imágenes como incluso el código HTML de la página.

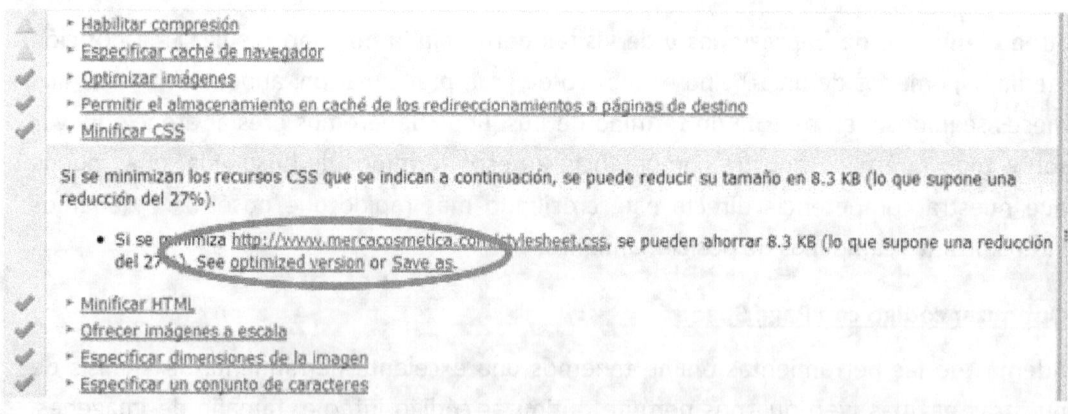

Ilustración 60: Análisis con Page Speed de mercacosmetica.com

Además esta herramienta nos analiza todos los estilos innecesarios por no usarse o duplicados que se aplican a la página en concreto y nos da la oportunidad de descargar el archivo corregido sin esa carga adicional.

En la ilustración 60 podemos ver un ejemplo de análisis con la herramienta Page Speed de FireFox. Como podemos ver nos muestra elemento a elemento aquellos que cumplen o no los criterios de optimización en cuanto a velocidad de carga de la página web.

Si pulsamos sobre la flecha que aparece al lado de cada elemento se abre un desplegable indicándonos cuál es el procedimiento que debemos realizar para mejorar las características de descarga de dicho elemento.

En este caso nos da la opción de minimizar la hoja de estilos CSS y permite guardar una versión del archivo optimizada para buscadores. Es aconsejable guardar los archivos anteriores antes de colocar los archivos optimizados por Page Speed por si pudieran darnos algún error.

Cómo conseguir una excelente red de enlaces

El gran refuerzo a la hora de posicionar una página web en los buscadores consiste en obtener una popularidad alta dentro de internet, y para los buscadores la popularidad se basa en la cantidad de otras páginas que hagan referencia a tu propia página web. El modo en que una página web hace referencia a otra es por medio de un enlace que apunte a dicha página.

Además, al igual que la popularidad entre la gente, la popularidad en internet también se mide por categorías y relevancia de quien hace referencia a nosotros, por ejemplo, no es lo mismo para un jugador de fútbol que hable bien de él su antiguo entrenador del colegio cuya opinión no va a tener mucha relevancia o un conocido cantante, que por muy conocido que sea lo más probable es que no lo sea dentro del mundo del fútbol, a que lo haga el entrenador del FC Barcelona o el Real Madrid que son conocidos en todo el mundo del fútbol y sus opiniones tiene peso y relevancia. Pues lo mismo ocurre con las páginas web.

La relevancia de un enlace que apunte a nuestra página web se medirá por dos patrones, temática y popularidad de la web que lo contiene.

El Page Rank de Google

Los buscadores, sobre todo Google asignan un valor numérico a cada uno de los enlaces que nos apunta, y la suma de todos ellos nos da el llamado PageRank. El PageRank es una medida del 0 al 10 de la popularidad de nuestra página web que utiliza Google.

Cada página de un portal tiene su propio PageRank, asignado de forma periódica por el robot de Google y recalculado cada cierto tiempo, aproximadamente unos tres meses.

Para conocer el PageRank de una página web podemos instalarnos la barra de herramientas de Google en nuestro navegador. Se instalará una barra con una escala verde que indica el PageRank de la página en la que estemos en cada momento, si pasamos el ratón por encima de esa barra nos aparecerá el valor en número dentro de un cuadro de diálogo.

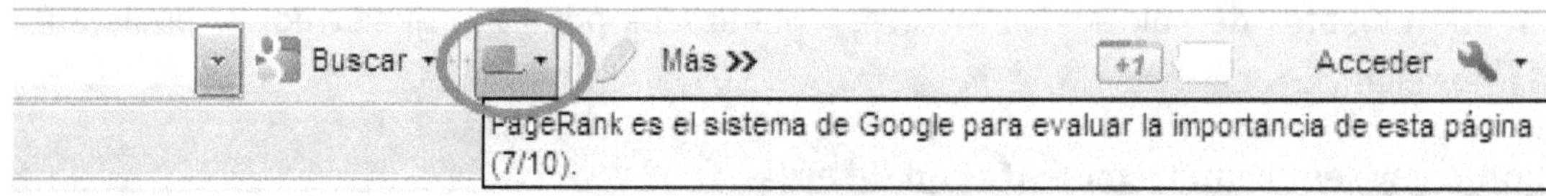

Ilustración 61: Botón de PageRank de Google en la barra de herramientas del navegador Internet Explorer

Cada enlace que nos apunta suma una cantidad numérica de popularidad que se aplica al cálculo de ese PageRank. **Cuanto más alto es el PageRank de la página que nos apunta, más alta es la puntuación que nos aporta ese enlace**. Si además la temática de la página que nos enlaza está dentro de la misma categoría que el contenido del portal a la que apunta, el valor que aporta a la hora de aplicarlo al PageRank y sobre todo al posicionamiento es mucho mayor.

También **es muy importante el texto que aparece rodeando los enlaces que nos apuntan desde otras páginas web**, no tanto para aumentar valor de PageRank como para obtener un buen resultado en los términos de búsqueda deseados que es el objetivo real de una campaña de posicionamiento.

Por ejemplo, si nos apuntan a nuestra página web de cosmética dos páginas con PageRank 2 y una de ellas trata de temas relacionados con la belleza y otra es un portal de venta de coches, obviamente nos dará mayor popularidad la página relacionada con la belleza que el otro portal y nos aportará mejores resultados a la hora de aparecer en resultados de búsqueda relacionados con la belleza.

Es por ello que nuestro primer objetivo será conseguir el mayor número de enlaces posible desde portales relacionados con nuestra temática, para ello realizaremos diversas campañas de creación e inserción de enlaces que organizaremos de la siguiente forma.

Planificación de una campaña para aumentar conseguir enlaces

Solicitud de inserción de enlaces en portales relacionados con y sin intercambio:

Un gran número de portales tienen su propia sección de favoritos o directorio de intercambio de enlaces. Para aparecer en estos portales normalmente se solicita un intercambio de enlaces a sus administradores, en el cual nosotros añadimos un enlace a nuestra propia sección de intercambios de enlaces (que podemos llamar también directorio de webs de interés u otros nombres que permitan formase una idea clara de lo que son) y los administradores de dichas páginas incluyen un enlace que apunte a nuestra página web con el texto y el título que nosotros solicitemos. Estos enlaces se incluyen en la sección acordada de su portal, que puede ser desde la portada hasta su página de recomendados.

Hay portales que no tendrán esta sección pero podemos conseguir ese intercambio solicitándolo por medio de correo electrónico a sus administradores, explicándoles la conveniencia de un intercambio mutuo.

Para encontrar portales relacionados con nuestra temática simplemente realizaremos búsquedas de todas las secciones que puedan ser relevantes con respecto a nuestro portal. Siguiendo el ejemplo de las cremas intentaríamos buscar portales relacionados con la cosmética, la belleza, consejos femeninos, consejos de salud para evitar celulitis, arrugas etc.…

Hay que tener en cuenta el mayor número de conceptos relacionados con nuestro portal para buscar el mayor número de portales con temática afín que quieran añadir un enlace apuntando a nuestra página web.

Solicitud de inserción en directorios especializados y clasificados:

En segundo orden de relevancia a la hora de conseguir enlaces están los directorios clasificados y especializados. Estos portales son directorios clasificados por categorías y que están diseñados para almacenar en ellos enlaces y descripciones de las páginas a las que apuntan clasificadas por su contenido en categorías. Permiten a sus usuarios buscar páginas en su interior siguiendo estas ramificaciones encadenadas entre ellas. Podemos ver un ejemplo a continuación en la ilustración 62 y 63.

Tu guia de las mejores páginas de la web

Sugerir una pagina

Arte	Negocios y Economia	Informática	Empleo
Arquitectura	Finanzas	Redes	Anuncios Clasificados
Historia	Anuncios Clasificados	Empresas	Recruting
Artistas	Construcción	Formación	Prensa y Medios
Cómic y Animación	Consultoria	Foros y Chats	Organizaciones
Artesania	Diseño	Gráficos	Estudiantes
Ver mas...	Ver mas...	Ver mas...	Ver mas...

Auto - Moto	Bienes Raices	Formación	Entretenimiento
Accesorios y Recambios	Subastas	Universidades	Gente Famosa
Subastas	Anuncios Clasificados	A Distancia	Comedia
Anuncios Clasificados	Financiación	Educación Infantil	Eventos y Festivales
Concesionarios	Inversión	Organismos Gubernamentales	Foros y Chats
Directorios	Revistas	Organizaciones	Internet

Ilustración 62: Portada del directorio de páginas web guia-páginas.com

Como podemos ver en estas dos ilustraciones tenemos un portal que presenta en su portada un menú clasificado por categorías que contienen secciones específicas.

Pagina de inicio -> Negocios y Economia -> Diseño

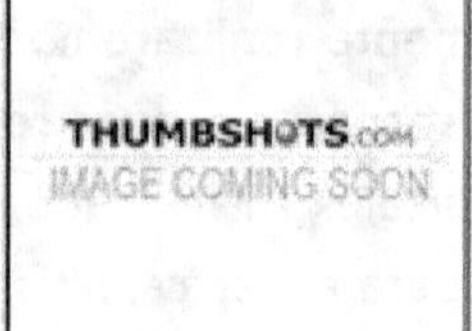

Diseño Web - AD Creativa

En Ad Creativa diseñamos Páginas Web con los últimos Estándares Web 2.0 y W3C, que te permite tener una Página Web rápida, ágil, Interactiva y que se puede visualizar en Pcs, Tablets y Equipos Móviles. -Perú.

http://www.ad-creativa.com/

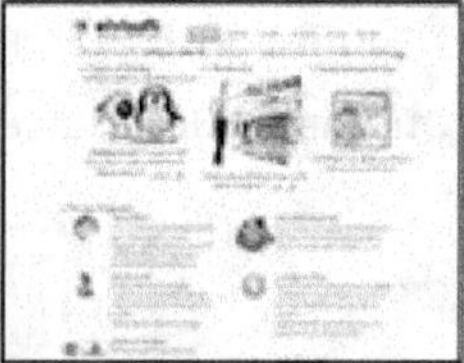

Diseño Web Gratis en Argentina

Diseño Web Gratis en Argentina. Diseñamos tu sitio web gratis, solo pagas el alojamiento web. Varias herramientas gratis para optimizar tu web.

http://www.elvisoft.com.ar

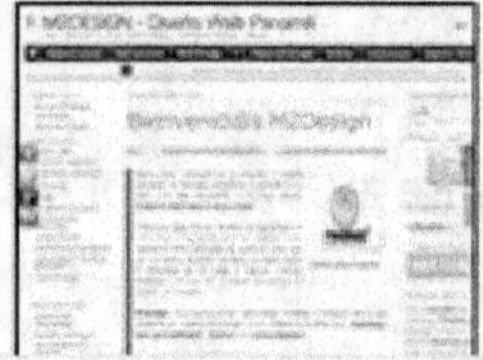

Diseño Web Panama

M2Design, es una empresa publicitaria especializada en el diseño de Páginas Web. Contamos con más de 10 años de experiencia en el mercado y usamos la última tecnología de diseño europeo web 2.0, y la opción, si lo desea, de poder actualizar su página desde la comodidad de su hogar o negocio.

Ilustración 63: Resultados de la sección economía de la categoría negocios de la web guia-páginas.com

Al entrar en esas secciones específicas nos aparecen sólo los resultados de las páginas relacionadas con cada temática. El valor de los enlaces que contiene es alto por el contenido de la página desde la que nos apuntan. Además en este caso no se solicita enlace recíproco por lo que el valor es todavía mayor a la hora de posicionar nuestro portal.

A esto hay que añadir que las secciones de estos directorios se posicionan con facilidad. Con lo que aparecer en ellas es un valor añadido para nuestro portal.

Para obtener el mayor número de directorios de calidad en los que incluir nuestro sitio podemos realizar las siguientes búsquedas entre otras:

- Directorios
- Agregar página web
- Añadir página web
- Agregar enlace
- Dar de alta mi web
- Todo tipo de combinación de palabras relacionadas con dar de alta nuestra web.

Si queremos ser metódicos y efectivos a la hora de dar de alta nuestra página web es aconsejable evitar repetir altas en directorios y además automatizar las altas en la medida de lo posible.

Es posible que al realizar una búsqueda nos aparezca un directorio y nos demos de alta, y al realizar otra búsqueda diferente nos aparezca ese mismo directorio en una posición diferente. Cuando se llevan muchas altas en directorios es imposible recordarlos todos y puede que demos de alta en el mismo directorio varias veces la misma página.

Agilizar el proceso de inserción y evitar altas duplicadas en directorios

Para evitar las altas duplicadas en los directorios es aconsejable crearnos un listado de los directorios en los que nos damos de alta y consultarlo en cada nueva búsqueda. Si tenemos la lista de directorios abierta y ordenada alfabéticamente podemos consultarla en un segundo y saber si ya hemos dado de alta nuestra página en ese directorio. Además tener un listado de las páginas en las que damos de alta nuestra web puede ser muy útil si queremos realizar otra campaña de posicionamiento en una página web diferente, ya que no sería necesario volver a realizar las búsquedas sino simplemente seguir las direcciones de la lista.

nombre	web
	http://www.lawebdelprogramador.com/buscar/agregar.php
addurl.amfibi	http://addurl.amfibi.com/
adirlink	http://www.adirlink.com/submit.php?c=37
adirseo	http://www.adirseo.com/submit.php
adirweb	http://www.adirweb.com/add.php?sid=219
adonde	http://www.adonde.com/add_url.htm
agregar-url	http://www.agregar-url.com.ar/agregar-web
agregarweb	http://www.agregarweb.es/
aike	http://www.aike.com.ar/user.php
alexa	http://www.alexa.com/site/help/webmasters
anadir-sitio	http://www.anadir-sitio.com/
antena	http://www.antena.cl/agregar2.php
anunciosbolibia	http://www.anunciosbolivia.com/bolivia-agregar-url.htm

Ilustración 64: Inicio de lista de portales donde agregar enlaces

Como se puede ver en la ilustración 64, **una herramienta bastante efectiva y que podemos usar es una base de datos de Microsoft Access. En ella podemos almacenar en una sola tabla todas las direcciones de páginas web donde agregar enlaces** que apunten a nuestro portal, e incluso aportar más datos, como PageRank de la web, si pide enlace recíproco, clave y correo de acceso si los pide y muchos otros datos.

Además podemos aprovechar la base de datos y crearnos más tablas para foros, páginas de anuncios o blogs que permiten insertar enlaces además de muchas otras utilidades que nos ayudarán a gestionar nuestras campañas de posicionamiento con mayor efectividad.

La segunda herramienta útil a la hora de automatizar nuestras campañas es la de crearnos un texto para rellenar cada campo de los formularios de envío de los directorios. En la mayoría de directorios nos pedirán una que rellenemos una serie de campos que contendrán los textos que mostrarán los directorios en sus resultados.

Es ideal tener esos textos guardados en un archivo de texto separados por párrafos, para que con la simple operación de copiar y pegar cada uno de esos textos dentro del correspondiente campo del formulario de envío del directorio, este quede completo y podamos enviarlo en muy poco tiempo.

Los campos que podemos guardar en este texto y nos serán útiles son:

- **Título de la web:** Normalmente se utiliza para enlazarla así que no hay que olvidar poner palabras clave por las que nos queramos posicionar.
- **Descripción de la web:** Una descripción bien elaborada además nos proporcionará buenas visitas desde los directorios y rodeará al enlace que nos apunta de texto relacionado con los términos de búsqueda por los que queremos posicionarnos.
- **Una segunda descripción de la web:** Algunos directorios nos dan la opción de poner esa segunda descripción, así que es mejor tenerla preparada.
- **Url de la web, correo del alta, url desde la que se envía un enlace recíproco (si se requiere):** Todos estos datos si se tienen guardados nos evitarán tener que escribirlos todas las veces.

Esperemos que disfrute usar Guia-paginas.com

Su nombre:
URL: http://
Email:
Titulo de la página:
Descripción:
Categoria: ---
Sugerir una página

Ilustración 65: Formulario de envío de páginas al directorio Guia-páginas.com

Podemos ver un ejemplo en la ilustración 65, en este formulario nos solicitan al igual que en la mayoría de las páginas de inserción de los directorios los datos anteriormente mencionados.

Inserción de enlaces en foros de discusión:

Podemos conseguir enlaces de gran calidad en foros de debates. Además, si un tema en un foro de debates tiene continuidad tiende a posicionarse por sí solo en los buscadores, con lo que además puede reportarnos tráfico de gran calidad también desde el mismo foro.

Existen conversaciones de foros de debate posicionadas desde 2009 hasta 2012 sin ser movidas de sus posiciones en los buscadores. Tal y como podemos ver en la ilustración 66 en la que aparece enmarcado por un círculo la fecha de la última visita del buscador a esta conversación y en la que se muestra cómo una conversación creada en un foro hace ya más de año y medio sigue posicionada en los primeros puestos de los buscadores.

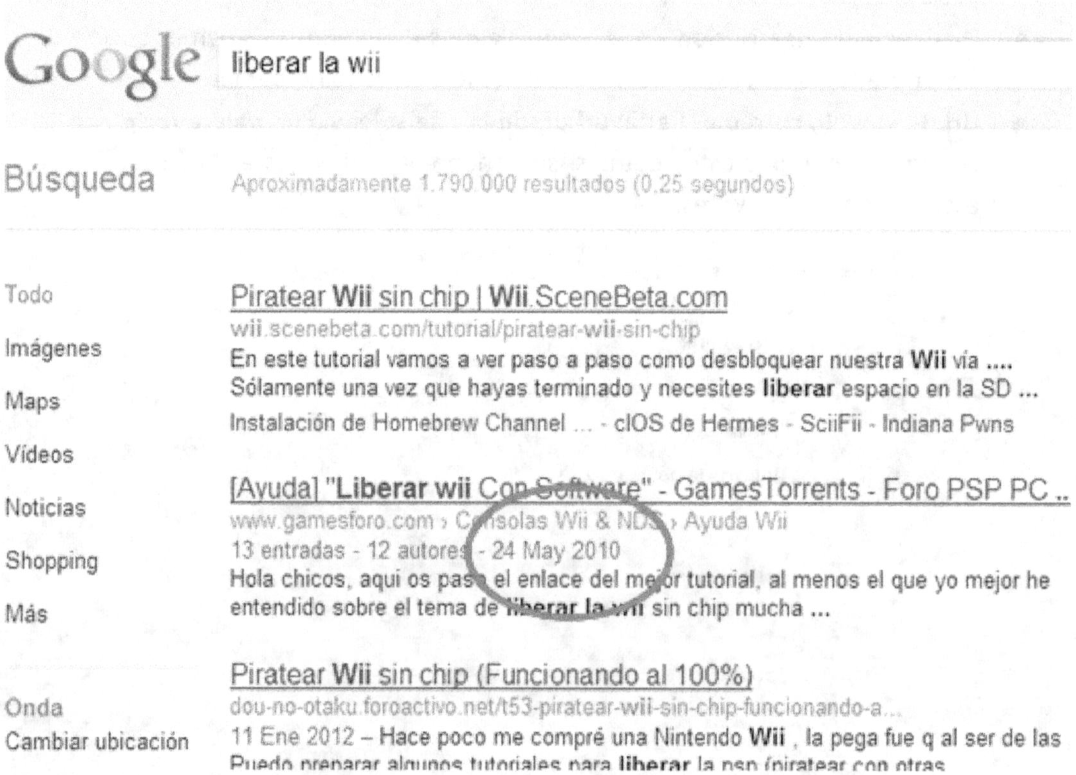

Google liberar la wii

Búsqueda Aproximadamente 1.790.000 resultados (0,25 segundos)

Todo
Imágenes
Maps
Vídeos
Noticias
Shopping
Más

Onda
Cambiar ubicación

Piratear Wii sin chip | Wii.SceneBeta.com
wii.scenebeta.com/tutorial/piratear-wii-sin-chip
En este tutorial vamos a ver paso a paso como desbloquear nuestra Wii vía ....
Sólamente una vez que hayas terminado y necesites liberar espacio en la SD ...
Instalación de Homebrew Channel ... - cIOS de Hermes - SciiFii - Indiana Pwns

[Ayuda] "Liberar wii Con Software" - GamesTorrents - Foro PSP PC ..
www.gamesforo.com › Consolas Wii & NDS › Ayuda Wii
13 entradas - 12 autores - 24 May 2010
Hola chicos, aqui os paso el enlace del mejor tutorial, al menos el que yo mejor he entendido sobre el tema de liberar la wii sin chip mucha ...

Piratear Wii sin chip (Funcionando al 100%)
dou-no-otaku.foroactivo.net/t53-piratear-wii-sin-chip-funcionando-a...
11 Ene 2012 – Hace poco me compré una Nintendo Wii , la pega fue q al ser de las

Ilustración 66: resultados de Google de la búsqueda liberar la Wii

El modo de encontrar foros relacionados con nuestra temática suele ser simple y directo, introduciendo los términos *foro +palabras relacionadas* nos aparecerán los resultados de foros de debate relacionados con nuestra temática.

A partir de ahí **podremos crear conversaciones relacionadas con la temática de nuestro portal en las que podamos hacer referencia al mismo mediante algún enlace, ver figura 66.** Siguiendo el ejemplo del portal de cosmética podríamos comentar que hemos probado diversos consejos y métodos de belleza y que los productos que hemos aplicado para seguirlos los hemos comprado en nuestro portal, haciendo una referencia mediante un enlace a la página principal de nuestro sitio o a la página de compra de dicho producto.

También podemos responder a conversaciones ya creadas de la misma forma, haciendo referencia a nuestro portal y ensalzando la calidad de sus productos o servicios, o incluso solicitando consejo sobre nuestro propio portal y preguntando si alguien ha comprado ahí y nos pueden aconsejar. En estos foros cualquier técnica que no sea demasiado agresiva o que no aparente publicidad encubierta es válida.

Otra forma de añadir enlaces en los foros es guardar el enlace a nuestra web en la firma, con lo que en cada conversación, aunque solo pongamos texto el enlace aparecerá con el texto que tengamos puesto definido como firma (Esta práctica se está considerando últimamente como Spam, así que antes de realizarla deberíamos consultar las normas de uso del foro).

De la misma forma que almacenamos las direcciones de directorios donde dar de alta nuestra página web, podemos crearnos una tabla con la lista de foros a los que vamos añadiendo conversaciones, además, la ventaja de los foros es que podemos participar y crear diferentes conversaciones, con lo que desde nuestra tabla con la lista de foros podremos acceder en pocos minutos a nuestros foros con mayor actividad y seguir añadiendo enlaces, reportajes y noticias de forma continua.

Inserción de enlaces en blogs de noticias:

Los blogs de noticias también suelen aportar enlaces de calidad, aunque suelen ser más efímeros. En este caso la técnica simplemente pasa por buscar una noticia o varias relacionadas con la temática de nuestro blog o página.

Al final de esas noticias tendremos la opción de escribir un comentario. En aquellas que permitan incluir la URL de la web en el comentario, dejaremos comentarios intentando firmar con un nombre que contenga alguna de nuestras palabras clave, por ejemplo, en el caso de la cosmética buscaremos noticias sobre belleza, adelantos en cosmética, moda de famosos y muchas otras y podríamos firmar como "Pepe experto en cosmética" "Miguel técnico en cremas" o cualquier frase que se nos ocurra y sea aceptable, no es necesario firmar con un nombre propio solamente.

Antes de comentar las noticias hay que tener en cuenta que el blog en el que nos encontremos no utilice la etiqueta NoFollow a los enlaces de los comentarios, para ello abriremos el código fuente de la página desde nuestro navegador y buscaremos alguno de los enlaces de los comentarios y de esta forma nos aseguraremos.

Almacenaremos los blogs de mayor actividad que permitan comentarios para poder utilizarlos con mayor frecuencia de la misma forma que los foros. Podemos comentar tantas noticias como queramos, pero no es aconsejable comentar la misma noticia varias veces.

Inserción de enlaces en redes de anuncios clasificados:

Esta parte de la campaña tiene dos utilidades, en primer lugar conseguir una mayor cantidad de enlaces, aunque estos pueden tener menos valor a la hora de mejorar nuestro posicionamiento en los buscadores, ya que la mayoría de anuncios suelen tener un PageRank muy bajo o incluso nulo, y en muchos otros casos los anuncios caducan al cabo de un tiempo y por lo tanto dejan de tener valor para los buscadores. En cambio tienen una segunda utilidad que es promocionar la web desde nuestras propias redes de anuncios. Veremos más adelante cómo crear una red de anuncios efectiva y descartar el resto.

Botón +1 de Google, la gran incógnita

Desde hace algún tiempo ha aparecido en escena el botón +1 de Google. Este botón al igual que los de las redes sociales como el botón de *Me gusta de Facebook* sirve para que cada usuario con cuenta en Google pueda asignar un voto favorable a dicha página.

Todavía es pronto para conocer la relevancia de este botón a la hora de asignar popularidad a nuestro portal y en cómo influirá en un futuro en el algoritmo que ofrece el orden de los resultados del buscador, pero es aconsejable tenerlo bien visible y permitir que los usuarios de nuestro portal puedan usarlo desde el principio.

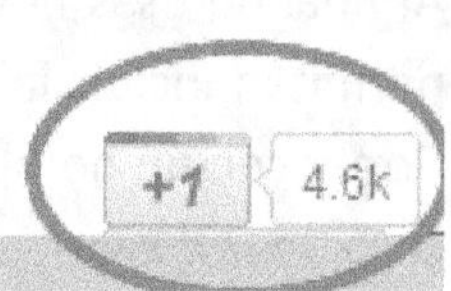

Ilustración 67: Portada de xml-sitemaps.com con el botón de +1 de Google enmarcado en un círculo

Optimizar y posicionar nuestra plantilla de Wordpress, Joomla, Oscommerce y Drupal

Para conseguir posicionar nuestras plantillas de gestores de contenido tendremos que conseguir que el código interno de sus páginas así como sus URL cumplan los mismos requisitos de indexabilidad que hemos comentado anteriormente para cualquier página web.

Para ello tenemos dos opciones:

Editar la plantilla desde el editor: Usando las herramientas más recomendadas de entre cientos de aplicaciones que existen para aplicar SEO a nuestros diferentes gestores de contenido.

Para posicionar un portal creado con Wordpress estas aplicaciones son los llamados Plugins, y los más recomendados son aquellos que nos permiten editar las etiquetas de cabecera de cada uno de los artículos publicados, enviar los mapas del sitio cada vez que actualicemos el blog y analizar nuestros contenidos, además de permitirnos insertar los botones de redes sociales. Entre estos Plugins destacan los siguientes:

Wordpress SEO, WordPress Meta Robots, Share Post, SEO Ultimate, Google XML Sitemaps, Google Analyticator, SEO Data Transporter, SEO Rank Reporter, y la Social Toolbar entre otros.

Estos Plugins se actualizan periódicamente por sus creadores y con el tiempo pueden ir apareciendo Plugins nuevos que mejoren la efectividad de los anteriores, con lo que hay que estar siempre bien informado de las novedades en cuanto a Plugins se refiere.

A esto hay que sumar la edición de los enlaces de las categorías desde el *menú > entradas > categorías* de nuestro menú de administradores del sitio y las url de las páginas de nuestro sitio que se editan desde el *menú > ajustes > enlaces* permanentes de nuestro menú de administrador y a los que aplicaremos una estructura personalizada, aunque seleccionando la opción día y nombre también podemos crear url amigables bastante eficaces.

Además, para posicionar eficazmente un documento editado en un entorno Wordpress hay que tener en cuenta que las plantillas Wordpress están pensadas inicialmente para crear noticias, y que por lo tanto debe actualizarse con frecuencia. **Una noticia publicada en Wordpress se posiciona rápidamente en los buscadores, pero también suele perder posiciones con la misma velocidad en detrimento de otras noticias más nuevas.**

Para posicionar un portal creado con Joomla, Oscommerce o Drupal existen los llamados packs SEO. Estos son estructuras de aplicaciones que reestructuran los contenidos de nuestra plantilla para que se adapten a los cánones de indexabilidad y optimización requeridos para posicionar la web en los buscadores.

Estos paquetes de aplicaciones todavía no son efectivos en una gran medida, y puede adquirirlos cualquiera, con lo que cualquiera los usará. Nuestra misión una vez instalados será retocar el código fuente para que nos dé una página más amigable y a su vez eliminar todo el código innecesario que aumente el peso de la página y con ello el tiempo de carga.

Además al igual que con WordPress tenemos las opciones de editar las url para que estas sean amigables y los enlaces de los menús para que estos estén totalmente optimizados.

Posicionamiento web en redes sociales

Las redes sociales también tienen sus propios buscadores y muchos usuarios realizan búsquedas a través de ellos. Además, los resultados de búsqueda de las redes sociales también pueden acabar posicionados en los buscadores convencionales. Posicionarse en estas redes sociales es otra labor que puede valer la pena a corto y medio plazo.

El primer paso para posicionarnos en las redes sociales es conseguir que los usuarios de nuestras páginas lancen alertas a las redes sociales desde nuestros artículos. Estas alertas se consideran valoraciones positivas o comentarios de los propios usuarios a la red social.

Esto se consigue insertando los botones que las mismas redes sociales nos proporcionan. Para acceder a estos botones la mayoría de redes sociales cuentan con un apartado en su menú que da la oportunidad de obtener el código fuente de sus botones.

Ilustración 68: redes sociales que aparece en una noticia de Marca.com

Las redes sociales más usadas actualmente son Facebook, Tuenti y Facebook. Como podemos ver en la ilustración 68, en este diario de noticias aparece la oportunidad de compartir o valorar la noticia en las redes sociales sobre el título de la misma a través de cada uno de sus botones que aparecen enmarcados dentro de sendos círculos.

Esto propicia que cuando un usuario de la red social realice una búsqueda concerniente a la temática de la que habla la noticia esta también aparezca bien posicionada en ese buscador.

Además a medio y largo plazo despertar interés en una temática concreta en las redes sociales a través de artículos y contenido útil nos puede proporcionar una red de clientes o usuarios muy productiva.

Google Shopping, primera página para nuestros productos

Desde hace algún tiempo, cada vez que algún usuario de Google realiza una búsqueda que incluye palabras como *"comprar" o" venta de",* o en las búsquedas de productos concretos como pueden ser "cámaras, perfumes, ropa u otros artículos de consumo", entre los primeros puestos de sus resultados de búsqueda aparece un resultado reservado para la sección de tiendas de Google denominada Google Shopping que se usa para todo éste tipo de búsquedas.

Este resultado aparece siempre que la sección de Google Shopping contenga dichos productos almacenados y suele aparecer en la primera página de los resultados de búsqueda. En el resultado del buscador nos muestra un listado con los productos mejor posicionados que responden a dicha búsqueda junto a sus precios y la cantidad de tiendas que los ofertan.

Ilustración 69: Resultado de Google Shopping mostrado en el buscador de Google para la búsqueda *cámaras digitales*

En la ilustración 69 podemos ver el resultado de las tiendas que ofrecen el producto "Cámara digital" dentro de Google Shopping.

Cuando un usuario pulsa sobre el enlace superior Google, este nos enviará al total de resultados de su sección Google Shopping para la búsqueda del término *"cámaras digitales"*.

Si el usuario pulsa sobre cualquier modelo concreto de cámara como los que ofrece en los enlaces restantes le llevará al listado de tiendas que ofrecen ese producto concreto tal y como podemos apreciar en la siguiente ilustración.

Canon EOS 600D - Cámara digital - SLR
589 € nuevo de 31 vendedores ★★★★★ 1 comentario
18.0 Mpix, F/3.5-5.6, Objetivo Canon EF-S 18-55 mm IS II, zoom óptico: 3 x

Relevancia ▾	Estado	Envío (estimado)	Precio total	Precio base
Pixmania ES	Nuevo	14,99 €	623,99 €	**609,00 €**
Digital Factory	Nuevo	5,00 €	624,00 €	**619,00 €**
Acuista.com + Mostrar las 3 ofertas	Nuevo	16,51 €	726,46 €	**709,95 €**
alternate.es	Nuevo	9,10 €	728,10 €	**719,00 €**
eXpansys Europe	Nuevo	10,50 €	735,49 €	**724,99 €**
LaQuiuz S.L.	Nuevo			**589,00 €**

Ilustración 70: Resultado al seguir el enlace de Google Shopping ofrecido en Google al buscar cámaras digitales

Es por eso que es importante insertar y posicionar nuestros productos también en la sección de Google Shopping.

Para insertar nuestros productos en la sección de Google Shopping es necesario tener una cuenta Google y acceder a la sección Google Merchant Center desde la que podemos subir los datos por medio de una *Feed*, una tabla de Excel en la que aparecen los datos, o uno a uno.

En cada producto agregaremos un título totalmente descriptivo con el nombre genérico y específico del producto. En la descripción crearemos el texto de la misma forma, incluyendo el nombre del producto genérico y el específico de cada uno de los productos. Hay que analizar los resultados que aparecen en las primeras posiciones sobre todo en las búsquedas más genéricas.

Gracias a esto en las búsquedas específicas vamos a tener cada uno de nuestros productos dentro de una de las páginas que aparecen entre los primeros resultados del nombre de dicho producto en Google sin necesidad de tener nuestra página web posicionada, y nos proporciona también la ventaja de en caso de tener nuestra página web posicionada en los términos de búsqueda relativos a dicho producto el poder tener la posibilidad de que los usuarios accedan a nuestro portal a través de dos resultados de la primera página del buscador.

Conclusiones de nuestras campañas de posicionamiento

Siguiendo todas estas directrices nuestras campañas de posicionamiento deben aportarnos resultados satisfactorios. Es posible que algunas puedan tardar más que otras, sobre todo teniendo en cuenta que para posicionarnos en algunos términos de búsqueda deberemos competir con una gran cantidad de portales muy consolidados en su campo y esto puede requerir una inversión mayor de tiempo y esfuerzo.

Para medir los resultados de una campaña de posicionamiento deberemos tener en cuenta no sólo el tráfico que nos aportan, sino también los beneficios en relación al esfuerzo realizado en dicha campaña.

Promoción de nuestra web en tablones de anuncios y clasificados

Qué nos pueden aportar las páginas de anuncios y clasificados

La mayoría de las páginas de anuncios y clasificados tienen la cualidad de permitirnos insertar anuncios con texto e imágenes en los cuales podemos mostrar nuestro mensaje comercial con facilidad al mismo tiempo que permitimos al cliente ver nuestro producto.

Además la gran mayoría de estos anuncios permiten al anunciante colocar un enlace a su página web, con lo que junto al efecto visual del producto incrementa la cantidad de visitas a nuestra página de los usuarios interesados en los productos anunciados y contenidos en nuestro portal.

A esto hay que añadir que el 99% de los portales de anuncios permiten insertar anuncios de forma gratuita, clasificados por categorías y en muy poco tiempo.

Como hemos comentado con anterioridad, los anuncios en estos portales deben contener una imagen de lo que anunciamos, sea producto o servicio, un título corto y descriptivo y una descripción, en la que a ser posible también incluiremos la url de nuestra página web. Además como podemos ver en la ilustración 71 enmarcado en un círculo se puede apreciar que el mismo anuncio nos da la oportunidad de insertar un enlace para acceder a nuestra web desde dicho anuncio.

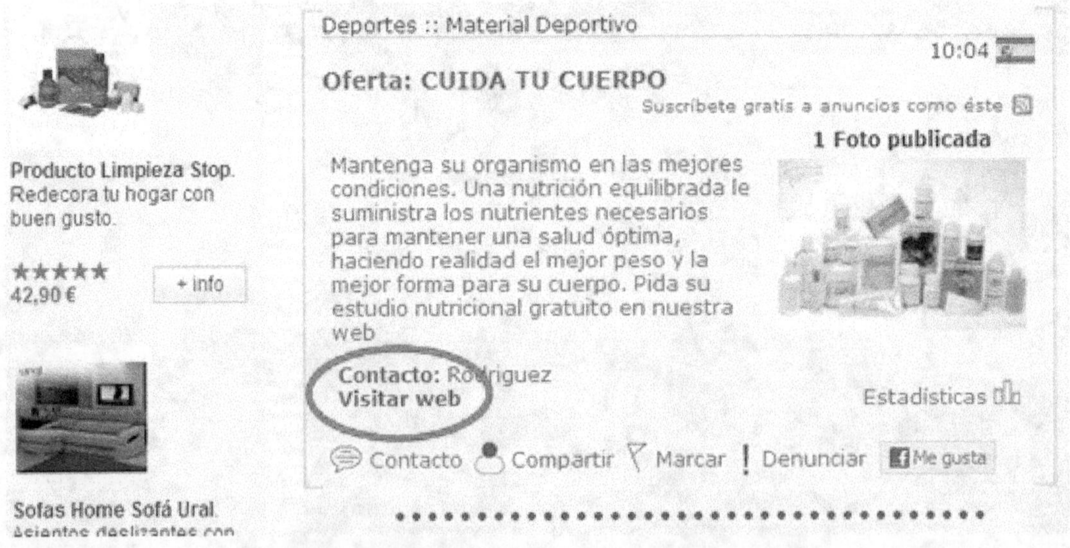

Ilustración 71: Anuncio clasificado en tablonia.com

Crear nuestra red de anuncios efectiva

De la misma forma que con el resto de métodos usados para conseguir enlaces, para buscar una serie de tablones de anuncios que podamos ir usando, realizaremos las pertinentes búsquedas de términos como *Anuncios clasificados, tablones de anuncios, anuncios gratis* y algunos términos más relacionados con las páginas de anuncios y a partir de esos resultados nos crearemos nuestra tabla donde los iremos almacenando.

A lo largo del tiempo vamos a poder catalogar los portales de anuncios que son efectivos de los que no tienen ningún interés para nosotros. Esto lo podremos valorar viendo las visitas que vamos recibiendo de cada uno de los tablones de anuncios por medio de nuestras herramientas de análisis de tráfico.

También almacenaremos las contraseñas y usuarios que usemos para insertar nuestros anuncios, de esa forma no tendremos que darnos de alta cada vez que queramos anunciar un producto y podremos actualizar y renovar los anuncios cada vez que sea necesario.

De esta forma, si tenemos doce o quince tablones de anuncios que nos resultan efectivos, podremos acceder desde nuestra base de datos e insertar los anuncios en pocos minutos.

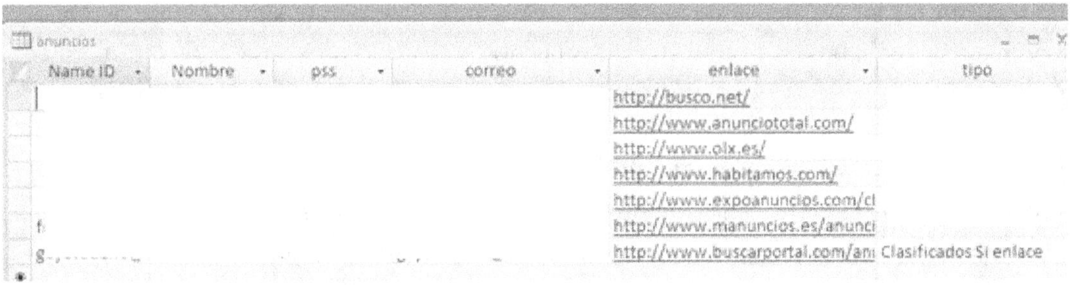

anuncios

Name ID	Nombre	pss	correo	enlace	tipo
				http://busco.net/	
				http://www.anunciototal.com/	
				http://www.olx.es/	
				http://www.habitamos.com/	
				http://www.expoanuncios.com/cl	
f				http://www.manuncios.es/anunci	
g				http://www.buscarportal.com/an	Clasificados Si enlace

Ilustración 72 Tabla con portales de anuncios almacenados a modo local

En la ilustración 72 podemos ver una fracción de una base de datos con portales de anuncios que he ido probando. Por motivos obvios he tapado los datos personales y de acceso.

Además, para automatizar el método de inserción de anuncios podemos crearnos un texto al igual que se propone para automatizar la inserción de enlaces, y de esa manera podemos por medio del copiar y pegar crear muchos anuncios en muy poco tiempo. Existen decenas de portales de anuncios que son muy efectivos a la hora de vender artículos y servicios y que atraen tráfico de forma regular a los portales de sus anunciantes.

Promoción de nuestra web en redes sociales

Publicidad de pago en redes sociales

Actualmente la publicidad de pago en las redes sociales se reduce bastante. Facebook es la red social que ha implantado este sistema de publicidad en sus contenidos. El sistema es el mismo que en la publicidad de pago por clic de los buscadores, con la diferencia de que aquí nuestra publicidad aparecería en las cuentas de los usuarios cuando hablan de temáticas que se engloban dentro de la categoría del anunciante o entran en grupos relacionados con la temática de la publicidad y de las aficiones y actividades que incluimos en el perfil como usuarios.

Al mostrar estos anuncios se supone que están apareciendo a personas interesadas en la temática sobre la que trata el anuncio, con lo que la efectividad del mismo debe ser más alta que en otros entornos.

Los precios en la herramienta publicitaria de Facebook son ligeramente más elevados que en las herramientas Adwords de Google en la actualidad pero podrían llegar a ser más efectivos. **A la hora de evaluar una campaña de pago por clic en Facebook con respecto a otra de Adwords de Google, podemos compararlas realizando la misma inversión en las dos** con distintas páginas de aterrizaje o en diferentes periodos de tiempo. También hay que evaluar si nos es rentable realizar las dos o tan solo una cada vez y las ventajas que conllevan.

Anunciarnos en Facebook: El poder de los grupos

Una de las armas más potentes dentro de las redes sociales para atraer el interés de determinado sector de usuarios son los grupos. Cuando creamos un grupo estamos creando un determinado tema de discusión que atraerá a determinado sector del público.

En este tema de discusión o grupo tanto nosotros como el resto de usuarios podemos aportar contenido de interés de todo tipo relacionado con la temática de dicho grupo como pueden ser citas, eventos, imágenes, reportajes y muchos más y dejar que los usuarios que atraigamos a dicho grupo interactúen con esos contenidos y creen los suyos propios.

Esto a su vez nos va a propiciar la oportunidad de simpatizar con decenas de usuarios que podemos convertir en cientos a medida que el contenido que aporte el grupo vaya adquiriendo calidad e interés.

A su vez, este grupo nos sirve también para promocionar los productos de nuestro portal de forma periódica, además de diferentes eventos que podamos organizar e incluso actividades fuera de la red.

Este grupo también nos puede servir para promocionar más grupos, que a su vez atraerán más gente, con lo que podemos tener en varios grupos un público variado y numeroso que termine interesado en el contenido de nuestro portal.

El mejor escaparate: Nuestro muro en Facebook

Si la creación de un grupo es el arma más potente dentro de Facebook para captar un gran número de posibles usuarios de nuestros servicios o productos, el muro de nuestra cuenta de Facebook es el mejor escaparate para mostrar esos contenidos.

En primer lugar hay que ofrecer contenido de interés para el público y actualizar dicho contenido con regularidad en nuestro muro de Facebook. Para atraer público afín a nuestro muro de Facebook mandaremos invitación de amistad a todos aquellos que se unan a los grupos que vayamos creando.

Para atraer el interés de los usuarios que vayan uniéndose a nuestros grupos interactuaremos con ellos comentando sus comentarios, enlaces o imágenes, agregando comentarios nuestros propios y demostrando que estamos implicados en la actividad de dicho grupo, pues para algo somos sus creadores.

Un ejemplo práctico de campaña Facebook

Vamos a plantear un ejemplo de campaña Facebook orientada a captar clientes nuevos y fidelizar los que ya tenemos a lo largo de la campaña de todo un año. Para ello seguiremos con el ejemplo del negocio orientado a la cosmética.

Supongamos que tenemos un negocio de venta de productos cosméticos en el que hemos montado una tienda online con la posibilidad de comprar todos nuestros productos y en la que en un esfuerzo extra para mejorar el posicionamiento de nuestra web hemos creado una sección de noticias (blog) donde hablamos de cómo usar los productos mediante reportajes, videos, fotos e incluimos también noticias de productos de moda y belleza.

Empezamos creando una cuenta de Facebook (a principios de año por ejemplo) en la que vamos hablando de las características de diferentes cosméticos, mostramos las propiedades de las cremas, mostramos fotos de ferias de belleza y cosmética, videos de cómo aplicar mascarillas, imágenes con sus efectos (El famoso antes y después de los anuncios) y todo lo que nos parezca interesante y útil para nuestros usuarios.

Para captar clientes al muro de esa cuenta creamos un grupo, por ejemplo lo podemos llamar *"Secretos de belleza para mujeres"*, en el que vamos captando el interés de los usuarios con reportajes de belleza para mujeres, y en el que quien quiera aportar sus secretos de belleza o consultar los existentes pueda hacerlo. A medida que este primer grupo crece podemos plantear un segundo grupo desde el que atraer usuarios a nuestro muro y promocionar nuestros productos.

En el primer grupo es posible que el sector de público que atraigamos sea el que más nos interesa, pero seguramente no nos cubrirá la totalidad de nuestros productos y servicios. Así que buscamos crear un segundo grupo con mayor predisposición a comprar esos otros productos que podrían ser maquillajes, lacas de uñas e incluso perfumería. Se podría crear un grupo llamado "Cómo estar *guapísimas en Sábado noche*" o algo similar, en el que mostrar trucos de maquillaje, como se pintan las famosas, maquillajes para diversos tipos de discoteca y decenas de cosas más.

Para captar usuarios en este grupo se deben utilizar los usuarios del grupo que ya tenemos en marcha. No se unirán el 100% de los usuarios del anterior grupo, pero los que se unan invitarán a otros nuevos que también podremos atraer a nuestro muro, desde donde los podremos fidelizar como clientes.

A medida que avanza el año nos encontraremos con dos grupos que si hemos trabajado bien habrán crecido bastante. Es el momento de crear un tercer grupo. Si se acerca el verano será ideal organizar un grupo orientado a vender productos como protectores solares y cremas bronceadoras (Se venden el 95% en esa época del año obviamente), así que podemos crear un grupo llamado por ejemplo *"Conseguir bronceado perfecto"* por ejemplo, en el que enviar y permitir enviar consejos de bronceado, fotos para votar el mejor bronceado del verano, como eliminar la marca del bikini y otros artículos relacionados y desde ese tercer grupo seguir incrementando el público de nuestro muro.

A partir de este tercer grupo es ideal atraer al público masculino, creando algún grupo relacionado para captarlo y que podemos promocionar desde los demás grupos con mensajes tipo *"Tu hombre impecable con nuestros secretos de belleza"*, *"Belleza para hombres"* y todo tipo de promociones, a partir de ahí deberíamos tener ya los tres grupos consolidados y una gran cantidad de público afín a nuestro muro que acabará transformándose en un buen número de clientes asiduos de nuestros productos y servicios.

Promoción de nuestra web en ámbito analógico

También podemos promocionar nuestra página web fuera de internet. Si el nombre de nuestro portal es sencillo de recordar y el público lo ve o lo oye el número suficiente de veces termina memorizándolo y asociándolo a los conceptos en los que aparece envuelto dicho nombre.

Marketing en la calle

El marketing de la calle **es un conjunto de estrategias y técnicas de marketing ejecutadas por medios convencionales,** y que consiguen su objetivo mediante el ingenio y la creatividad. La gran ventaja del marketing de la calle es que tiene un coste poco elevado y pueden realizarse diversas campañas bastante exitosas en poco tiempo.

Entre las campañas de marketing de calle las más usadas son:

Publicidad impresa estática, pegado de carteles y folletos informativos (Los llamados Flyers publicitarios)

Podemos pegar carteles muy llamativos y repartir folletos que contengan información y hagan referencia a nuestro portal, sobre todo en centros de poblaciones muy grandes. El problema es que para el pegado de carteles en la calle vamos a necesitar permisos al igual que para realizar buzoneo con nuestros folletos informativos. No nos interesa pegar los carteles en la calle y tampoco el buzoneo, ya que nuestros carteles pueden quedar enterrados bajo los de otros anunciantes en poco tiempo y nuestros Flyers en el cubo de la basura junto al resto de publicidad de buzoneo.

Para este tipo de publicidad hay que buscar focos de movimiento de población, grandes vías con centros comerciales y tiendas serán nuestro mejor objetivo a la hora de dejar nuestra publicidad impresa.

Para ello **buscaremos cafeterías y zonas de esparcimiento y solicitaremos permiso para colocar carteles y dejar nuestros Flyers publicitarios a la vista del público**, estos locales son zona de paso para una gran cantidad de gente que además está en esos momentos más predispuesta a absorber nuestros mensajes publicitarios, ya que en los momentos de relax la gente tiende a evadirse distrayéndose con aquello que tenga en el entorno y suele retener la información que le llega.

Publicidad impresa móvil y de regalo

La publicidad impresa de regalo aunque muy vista es una forma de publicidad de calle muy económica y efectiva con la que conseguir que el público retenga el nombre de nuestro negocio online.

Desde los típicos bolígrafos mecheros y camisetas impresos con el nombre de nuestro portal, hasta vinilos adhesivos colocados en vehículos de forma llamativa, sombrillas, balones de fútbol o fundas para móvil nos pueden proporcionar publicidad de forma muy duradera.

Además la ventaja de la publicidad de regalo es que no se queda fija sino que se mueve con su portador. Una camiseta llamativa por ejemplo puede dar la vuelta a España si se regala al grupo humano adecuado.

Publicidad Bluetooth

Esta forma de publicidad de calle consiste en diseñar imágenes publicitarias en formato adaptado a los teléfonos móviles y emitirlo mediante un sistema de emisión Bluetooth. Si disponemos de un ordenador portátil el sistema es bastante económico, ya que comprar una antena Bluetooth nos puede salir por unos diez o doce Euros y existen decenas de programas de emisión masiva de Bluetooth con licencia desde 60€.

Una vez instalado el programa y la antena podemos emitir en cualquier núcleo de población. Con este sistema nuestro ordenador enviará un mensaje a los teléfonos móviles que estén en el radio de alcance de la antena Bluetooth solicitando permiso para enviar la información, y a continuación enviarán nuestra publicidad.

Este sistema de publicidad no requiere ningún tipo de licencia actualmente ya que la frecuencia Bluetooth es de libre emisión y el sistema solicita permiso al usuario del teléfono antes de enviar la publicidad.

Podemos aportar algún aliciente a los usuarios para que descarguen nuestra publicidad. Algunas empresas de publicidad Bluetooth ya diseñan aplicaciones como la previsión del tiempo, juegos para móvil, estados del tráfico o la información del día, deportes, política etc. en la que incrustan la publicidad e incluso accesos a sus páginas web.

Publicidad en los grandes medios

En cuanto a publicidad en grandes medios podemos estar hablando de dos tipos de publicidad, la económica y la de tirada nacional.

Publicidad económica en los grandes medios

Algunos de los grandes medios como pueden ser los diarios, la radio, la televisión, los clubes deportivos pueden resultarnos beneficiosos. Cada vez más páginas web se anuncian en diarios, radios y televisiones de alcance comarcal o autonómico. Estos medios tienen precios bastante aceptables y llegan a un buen número de público. Si se dispone de dinero para invertir no es mala opción plantear una campaña a nivel provincial y ampliar provincias o comunidades a medida que se adquiere éxito hasta llegar a la tirada nacional.

También podemos patrocinar algún club deportivo de alcance nacional que se encuentre en categorías inferiores. Por ejemplo un equipo de fútbol de segunda división B o un equipo de primera división nacional de balonmano pueden tener patrocinios muy asequibles y llevar el nombre de nuestro portal por todo el territorio nacional aunque sea a menor escala.

Otra forma interesante de aparecer en diarios, además de forma gratuita, es aparecer a modo noticia, siempre que nuestro portal tenga alguna novedad, ofreciendo nuestros servicios como ejemplo de nuevos emprendedores etc. Algunos diarios gustan de crear reportajes de sociedad elaborados de esta forma que terminan dando buena publicidad a sus protagonistas.

Publicidad de alcance nacional

Televisión, patrocinio de clubes deportivos de élite, diarios de tirada nacional, radios. Si llegamos aquí, enhorabuena, es más que posible que hayáis triunfado. Aún así, hay que valorar la relación coste – resultados. Portales como trivago.es, rastreator.com, segundamano.com o fotocasa.es ya han llegado a este nivel y cada vez son más los portales que aparecen en televisión y en los grandes medios.

Conclusiones

Querido lector. Si has llegado al final de este humilde manual, mi más sincero agradecimiento. He intentado que estas páginas aporten respuestas a aquellos que tenéis un negocio en mente, una gran idea con la que ganar dinero pero no sabéis cómo plasmarla en este complicado mundo que es internet.

También he intentado que este documento sea lo más claro y breve posible, pues tengo presente cuan valioso es tu tiempo, y que todos los conceptos sean fáciles de entender, para que no dejes nada al azar.

Si al terminar este libro tienes más claro cómo llevar adelante tu proyecto, el tiempo invertido en él se verá compensado tanto para ti como para mí.

Querido lector, desde aquí te transmito mi ánimo, todo proyecto llevado a cabo con el trabajo adecuado tiene su recompensa.

www.ingramcontent.com/pod-product-compliance
Lightning Source LLC
Chambersburg PA
CBHW081452170526
45166CB00008B/2405

* 9 7 8 1 4 7 1 0 7 6 9 2 3 *